ヨーロッパ　歴史の跡《あと》を訪ねて

平塚宰史

鳥影社

中世都市の代表例　ローテンブルク Rothenburg（ドイツ）

バスティーユ牢獄襲撃　パリ Paris（フランス）

施療院
ブルゴーニュワインの中心地　ボーヌ Beaune（フランス）

ドラキュラの家
シギショアラ Sighişoara（ルーマニア）

運河沿い商家が並ぶ　ヘント〈仏語ガン、英語ゲント〉Gent（ベルギー）

家屋の壁画が美しい　コンスタンツ Konstanz（ドイツ）

アドリア海の真珠　ドゥブロヴニク Dubrovnik（クロアチア）

スウェーデン国王グスタフ＝アドルフ像
タルトゥ Tartu（エストニア）

中世ドイツの面影を残す　プラハ Praha（チェコ）

南欧のフィヨルド
コトル Kotor（モンテネグロ）

聖クリメント教会
オフリド Ohrid（北マケドニア）

旧市庁舎　バーゼル Basel（スイス）

皇妃エルジェーベト像
ブタペスト Budapest（ハンガリー）

ケーニヒスベルク大聖堂
カリーニングラード Kalinninglad（ロシア）

大聖堂　元老院広場　ヘルシンキ Helsinki（フィンランド）

独立運動の父オコンネル像　ダブリン Dublin（アイルランド）

十字架の丘　ドマンタイ Domanntai（リトアニア）

鉄条網が囲むアウシュヴィッツ強制収容所
オシフィエンチム Oświęcim（ポーランド）

ピースライン　カトリックとプロテスタントを分ける壁
ベルファスト Belfast（イギリス）

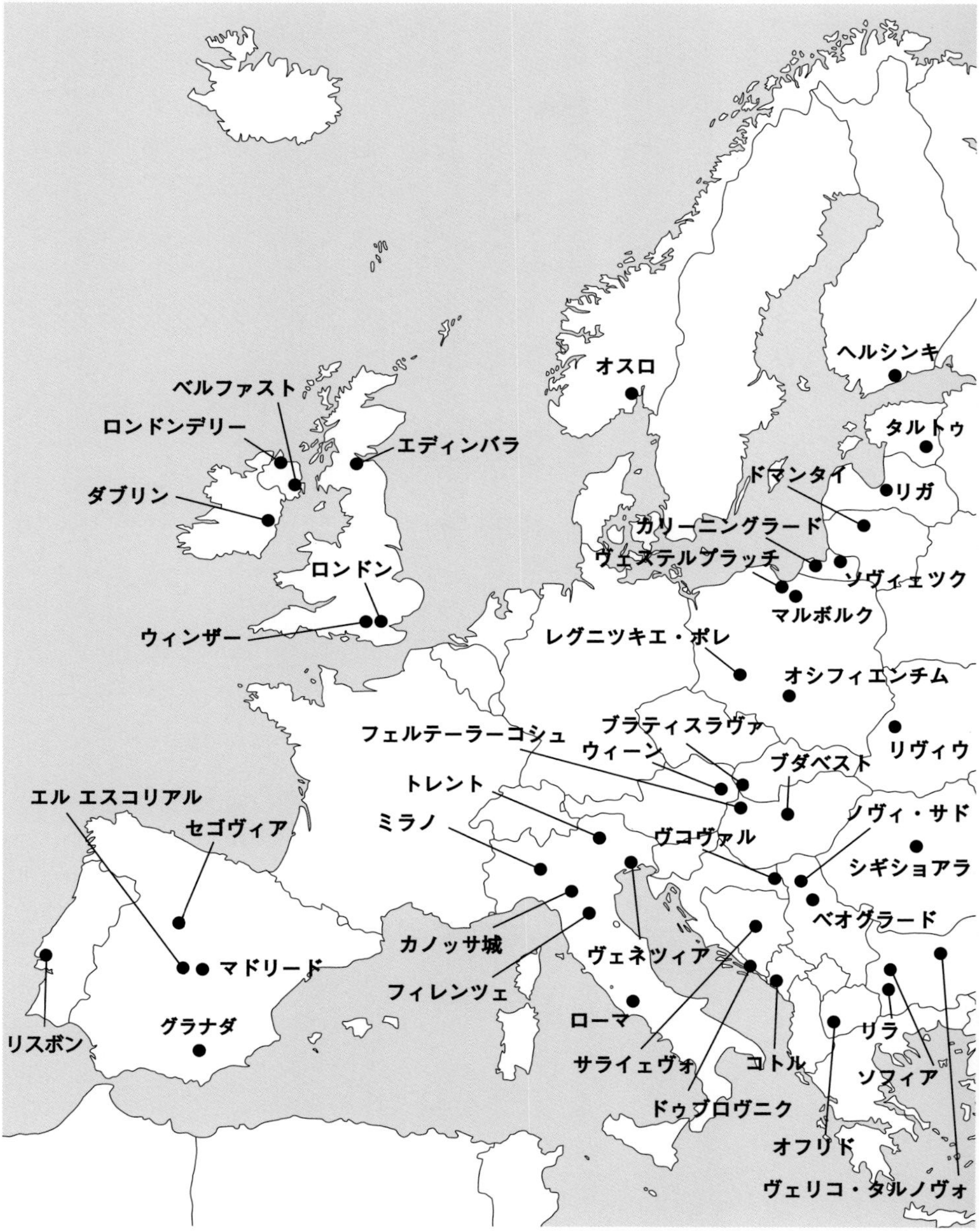
ヘルシンキ
オスロ
ベルファスト
タルトゥ
ロンドンデリー
エディンバラ
ドマンタイ
リガ
ダブリン
カリーニングラード
ヴェステルプラッチ
ソヴィェツク
ロンドン
マルボルク
ウィンザー
レグニツキエ・ポレ
オシフィエンチム
ブラティスラヴァ
フェルテーラーコシュ
リヴィウ
ウィーン
ブダペスト
トレント
エル エスコリアル
ノヴィ・サド
セゴヴィア
ミラノ
ヴコヴァル
シギショアラ
ベオグラード
カノッサ城
ヴェネツィア
マドリード
フィレンツェ
ローマ
リラ
リスボン
グラナダ
サライェヴォ
コトル
ソフィア
ドゥブロヴニク
オフリド
ヴェリコ・タルノヴォ

ドイツ
チェコ
スイス
リューベック
マクデブルク
ベルリン
ポツダム
ミュンスター
ミュールハウゼン
ルターシュタットヴィッテンベルク
マーストリヒト
ライプツィヒ
アーヘン
アイゼナハ
ワイマール
ピルニッツ
コブレンツ
シュマルカルデン
フランクフルト
マインツ
フルム
プラハ
カルロヴィヴァリ
トリーア
リューデスハイム
ビーラーホラ
ヴォルムス
ローテンブルク
ニュルンベルク
ハンバッハ
プラツェ
ネルトリンゲン
レーゲンスブルク
ヘヒンゲン
コンスタンツ
アウクスブルク
ミュンヘン

ユトレヒト
デルフト
オランダ
ブリュージュ
アントウェルペン
ヘント
ブリュッセル
マーストリヒト
ワーテルロー
ベルギー
コンピエーニュ
ランス
アロマンシュ
カン
ルーアン
ヴァレンヌ
パリ
ヴァルミー
ヴェルダン
ナント
オルレアン
ストラスブール
シュノンソー
バーゼル
ボーヌ
ザンクトガレン
フランス
クリュニー
ジュネーヴ
スイス
クレルモンフェラン
リヨン
ロカルノ
アヴィニョン
カルカッソンヌ
ポンデュガール

ヨーロッパ　歴史の跡《あと》を訪ねて

目次

ヨーロッパ　歴史の跡《あと》を訪ねて

まえがき

十九世紀以降、ヨーロッパは観光地として世界中の人びとが好んで訪れる地域である。その人気の理由には、昔の雰囲気を色濃く残していることが挙げられる。ほとんどの建物が石やレンガで作られており、木造よりも耐久性があったからである。それに加え整えられた美的景観が注目を集め、ひときわ多くの異邦人を感嘆させる魅力を持っている。また、狭い地理的範囲のなか多くの民族が共存した過去を反映してか、比較的外国人にも寛容で、ことばに疎い旅人を迎え入れる気風が以前から存在していた点もあるだろう。ただ二十一世紀に入ってからは中東情勢の混乱により戦禍を逃れる移民・難民が激増した。このことがヨーロッパ人の日常生活の混迷化を招き、旅行者を不安にさせている現実がある。それでも一度ヨーロッパを旅した経験者のなかには、再度訪れたい、もしくは別の国も見てみたい、と強く願うリピーターが増えたことも間違いない。最近では、情報技術の進化により主要都市のみならず片田舎にまでメディアは進出しており、早く正確に海外の事情を把握できるようになった。

ただ海外旅行は慣れない環境に身を投じることであり、国内にいては味わえない大きな刺激を受けるものである。特に、体力があり感受性の強い若年層にとっては、興味に応じ積極的に現地の社会に触れる体験となるだろう。健康寿命の伸びた昨今では、一定の熟年層にも愛好者は多いと思われる。このヨーロッパを旅するという習慣は十七世紀以降、英国貴族の子弟がヨーロッパ大陸南方、とりわけイタリアやフランスを訪れ始めたのがきっかけである。この学生の物見遊山は、生活水準の向上や交通技術の革新にともない、しだいに大陸諸国やアメリカ合衆国の一般大衆にまで広がっていく。さらに十九世紀には、鉄道時刻表を考案した英国のトーマス・クックにより、交通機関や宿泊先の予約・添乗業務等を含む旅行会社なるものが現れ、世界各地に海外旅行が定着していった。ヨーロッパへの旅を始めた筆者は当時定時制高校に勤め始めたところだった。その時に自分で撮った現地の写真を授業のなかで見せていたことがあった。自国の歴史にすら興味のない生徒に対し、想像だにしない昔の遠い異国についてどうやって話をするか随分と悩んだものである。そこで日本の風景とは異なる建物や人間を大きな画面に映し出して、彼らの関心を少しでも高めようとしたのである。

そのころ東西冷戦が雪解けの時期に近づき、日本でも海外旅行が自由化されて渡航費用が多少安価になったころである。特に団体の旅行でなく、自分の思い通りに外国を旅する人間などまだ物珍しくみられていたに違いない。これには、休暇の少なさや費用の点で集団行動をとらざるをえない日本独自の事情も関係しているであろう。日本人の海外への関心がしだいに高まったなかで、ヨーロッパ旅行が筆者の人生観を大きく変えたといえる。今思い起こせばよく実行できたものだと我ながら感心するが、自ら計画をたて異国の大地を動くことがさほど困難とは思わなかったのである。困難はあるもののそれを上まわる感動をうけたことも大きい。困難に際しても予想外に現地人や欧米人旅行者の協力を得られる幸運を味わったものである。また長身のせいか危険

まえがき

な目にあわずに済んだことも関係していると思う。さらには他人の行かない土地だからこそどうしても訪れてみようという異常なこだわりが旅行意欲を刺激したのかもしれない。こんなドサ回りの芸人のような体験をことばだけで伝えることなどとうてい不可能である。筆者の定年直前まで延々と続いた旅の経験をもとにしながら、なおも世界中の多くの人びとをとらえてやまない歴史の舞台を改めてここに眺めてみたいと思う。筆者自身はもちろんのことだが、学生時代の「世界史」の授業では決して味わう余裕などなかった読者にも、現地の様子と歴史との関わりを体感してもらいたい。写真と文章を通じて、ヨーロッパで展開された過去のドラマに臨場感をおぼえていただければ幸いである。世界史という科目は学生時代よりも社会経験を積んだ大人になってこそ、その面白さが湧いてくるような特徴をもつのではないだろうか。

さて本書では職業柄、高等学校の世界史教科書で取り上げる都市を主にしつつも、これまでに撮り続けた写真のなかから日本人になじみのうすい土地もできるだけ多く紹介するようにつとめた。著名な都市や地域については、他にも参考となる豊富な文献や写真等が巷にあふれているからである。また筆者の記憶が鮮明な土地を中心にして、歴史上重要と思われる説明も加えておいた。キリスト教の倫理観にもとづく社会、あるいは国家ではなく地域ごとに細分化された民族の生活などを想像してもらいたいと考えたためである。なお、ことばの表記については複雑極まりない。たび重なる戦争や民族の移動などで頻繁に国籍変更を繰り返してきたのがヨーロッパである。最大の民族の誇りといえば言語なのである。都市や地域、いや人物すら言語によって名前が異なるのである。ヨーロッパでは自国の地名をフランス語・ドイツ語・イタリア語等で示す例が多い。仏独に支配された地域や先進イタリア文化が広まった地域があるためである。そもそも日本語にない発音を日本語で表記することは無理だから、似た表記が増えて読者は途方に暮れる。よく生徒に正しい読み方はどれかと聞かれたものである。なお今の世界史教科書では、現地語の読みを原則とするが、慣用上本書ではリジュボワを英語読みのリスボンに、またブダペシュトやヴィーン、ヴァイマルを英語式の発音ブダペストやウィーン、ワイマールと表記した。

以前にフランスの東部、ドイツ国境に接する地域について述べた書物を出版したことはあるが、本書はヨーロッパ全土を対象とした。広くヨーロッパ各地に足を向けたのは、世界史教科書に載るさまざまな土地に人一倍関心を抱いたからである。ひたすら自分自身で精力的に旅をした理由は、観光地ではなく参考文献にも写真すらないような歴史上由緒ある土地を自分の目で見てみたいという一心である。そして教えている高等学校の生徒たちにも現地の姿を見せたいという願望があった。海外の地を歩く体力や好奇心が人一倍旺盛だった現役時代には両親・家族も元気だった幸運にも恵まれた。そして何よりも難解なことばの不安を少しでも解消するために、旅の下準備とりわけ現地の情報収集に追われる日々が続いた。四十代頃から個人的な回想を巡らせた簡素な文章を書いたことがある。旅行中に撮影した写真もあったが、それらは鮮明なものが少なく公表するつもりもなかった。ただ自ら見聞したことを読者に訴えるのに文章だけでは限界があり、自宅に放置した膨大な写真をほうむってしまうのも心残りである。ゆえに、今回の出版はそんな自分自身の足跡をたどるための絶好の機会であるととらえ、不評を覚悟のうえで原稿を書き、写真を載せる作業に取り組み始めた。久しぶりに写真を見て想い出すこともあり、撮影当時

まえがき

の印象がいくらかよみがえってきた場所もある。読んで下さる方々も写真から興味を抱く場合もあるだろうし、文章の意味が写真で実感できる場所も見つかるかもしれない。個人々々の興味や知識は違っても、ヨーロッパに近づきその魅力の一端に触れてみたいという思いはみな同じだろう。それにつけても教科書の内容を多くの人々に理解させるのは相当難儀な試みであり、正直不安一杯である。専門用語を少しでも減らしながら、時代の特徴を平易に述べていくことを肝に銘じて書き進めていきたい。

また興味がわいた方々にはぜひこのなかの史跡を一つでも訪ねて欲しいので、その土地のおおまかな位置や現地語表記も若干補足してみた。日本語の資料が現地においてあることはまず考えられないからである。なかには現地の近くを旅行した方もいると思うので、少しでも記憶を呼び起こしていただきたい。タクシーを使うにしてもできるだけ効率よく安価で済むよう、拠点となる近郊都市も必ず付記した。その際には簡単な現地語のあいさつはもちろんのこと、多くのヨーロッパ人に理解されやすい英語やフランス語は特に重要である。なお東欧ならドイツ語、南欧ならイタリア語なども加えたいところだ。これらの言語はもちろんうまく話せず聞き取れなくても心配しすぎることはない。ただよく使われることばは文字で見て意味がわかるに越したことはない。最近ではスマホの普及によって、旅行する際にも利便性は格段に良好になっているだろう。それではさっそく、時代を追ってヨーロッパで歴史が感じられる土地へと向かい、未知の世界の扉を開いてみることにしよう。

コラムとして（都市へのアクセス）1

ここでは首都となっている五都市（パリ・プラハ・ブダペスト・ヘルシンキ・ダブリン）以外について書いてみたい。まずはドイツのロマンティック街道の中心都市ローテンブルクへは観光バス利用が一般的だが列車でも行ける。バスの拠点ヴュルツブルクからシュタイナッハ経由でほぼ一時間の行程である。ルーマニアの中世都市シギショアラへは、首都ブカレストより北西に急行でも五時間以上かかる。フランスの高級ワインを産するボーヌは、パリからブルゴーニュの拠点ディジョン経由で二時間少々を要する。ベルギーのヘントの中心、セントピータース駅へは首都ブリュッセルより西へ三十分で着く。ドイツ南端のコンスタンツへはスイスのチューリヒより直通列車を利用して一時間二十分あれば行ける。クロアチアのドゥブロヴニクへはバスを使うと首都ザグレブから十一時間、隣国ボスニア・ヘルツェゴヴィナのモスタルからは四時間ほどみておこう。夏季には欧州各都市より航空便が増発する。モンテネグロのコトルは首都ポドゴリツァからバスで二時間だが、空路でベオグラードから定期便が出ている。夏季なら欧州各地と結ばれている。また先述ドゥブロヴニクからアドリア海沿いにバスで二時間走るルートもある。エストニアのタルトゥは首都タリンからバスで東南方面へ二時間半ほど、列車もありやや安いが、本数は少ない。スイス第二の人口を擁するバーゼルは空路もあるが、列車でチューリヒから一時間、

コラムとして（都市へのアクセス）１

ジュネーヴやドイツのフランクフルトから三時間弱で到着する。国名が変更された北マケドニア共和国随一の観光地がオフリドである。国の首都スコピエからバスで三時間以上もかかる。夏は欧州主要都市から空路で入るのがよいだろう。それ以外の時期はセルビアやギリシャから長距離バスが経済的だ。ロシアのカリーニングラードへは、モスクワなどから空路で入るか、リトアニア西部のクライペダからバスで二時間半ほどかかる。夏にはベルリンから直通列車に乗ると十三時間ほど要する。リトアニアのドマンタイへは、バスで同国北部シャウレイから南へ十五分ほど、停留所から十五分ほど歩く。ポーランドのオシフィエンチムは、列車で大都市クラクフから一時間四十分、中都市カトヴィッツェから一時間弱の距離である。イギリス領北アイルランドの拠点ベルファストへは、各地から空路か、アイルランド共和国首都ダブリンから列車で二時間前後、バスなら約三時間ほど必要になる。

第一章　古代から中世へ

●ローマの伝統をしのぶ

まずはヨーロッパ古代の終わる四世紀から話を始めてみたい。いわゆる中世が始まるといわれる時期であるが、日本史の中世とは年代が異なるので注意を要する。ただ旅行中に実際目にする遺跡には、それ以前の紀元前後の時代のものも多いので若干触れておきたい。言わずと知れた古代ローマのことである。ヨーロッパを語る以上、宗教や文字はもちろんのこと、民主政治や人権の尊重などその後の歴史に大きな影響を与えた古代ローマは極めて重要である。ローマ帝国の領土はイタリア半島を越えて広大となり、その支配も長期間にわたる。奴隷制度が残る古代社会だが徐々に市民の代表者の合議による政体が成立し、キリスト教の普及によって平等意識が育ってくるのである。独裁君主が君臨する東洋社会との決定的な違いと言っていいだろう。

ローマ時代の遺跡については数十ヵ所訪れたが、ここではその一部を紹介したい。それらは郊外のみならず市街地の片隅にも残り、驚くほどあちらこちらに見られる。現在のヨーロッパの国々でいうと東のブルガリアから西のイギリスまで、北欧や東欧の一部以外には必ず栄華の跡を留めている。ローマ人はよく建築の天才といわれるが、ヨーロッパ中で帝国の残照を今でも感じ取ることができる。大半は今から二千年近くも前の建造物なのである。日本ではほぼ弥生時代にあたり、その年数の古さにも圧倒されるばかりだ。つまり西洋人の感覚では、生まれつき歴史が身近なものとして備わっているといえよう。

第一章　古代から中世へ

市門　ポルタ・ニグラ（トリーア Trier、ドイツ）

コロッセオ（古代闘技場）（ローマ Roma、イタリア）

水道橋　ポン・デュ・ガール Pont du Gard
（ニーム郊外、フランス）

カラカラ浴場（ローマ Roma、イタリア）

ローマ劇場（リヨン Lyon、フランス）

水道橋　アソゲホ広場　（セゴヴィア Segovia、スペイン）

●キリスト教の公認から発展へ

さてヨーロッパの基盤ともなるキリスト教はアジアの西端、パレスティナで成立した。ご存知の通りここは東地中海に面する中東地域（イスラム教）であり、イスラエル（ユダヤ教）との紛争の地である。この地に生まれたイエスはローマ官憲により刑死させられたが、弟子など復活を信じる人たちによって、この地にキリスト教という宗教組織が確立した。有名な政治家・武将カエサルが活躍する紀元前後の内乱の時期を経て、ローマは地中海沿岸全域に拡大し、史上まれにみる平和な時代を現出したかにみえる。しかし歴代皇帝によりたびたび迫害された名残はカタコンベ（地下墓地）の存在が示している。帝国の発展、衰退とともにキリスト教の教えは各地に普及し、後にローマの国教となり、ヨーロッパの精神的支柱として確固たるものになった。

やがてローマは平和が崩れ、帝国が東西に二分された。当時のコンスタンティヌス帝がキリスト教を公認した文書はミラノ勅令（三一三年）という。これは東のリキニウス帝と前年にミラノで会見して合意した内容が発表されたものである。キリスト教以外の宗教についても寛容に扱う旨の文書ともいわれる。ローマ帝国の西の首都がミラノである。三九五年にローマの国教になったからといって全ヨーロッパ人がキリスト教信者になったわけではない。キリスト教が各地に定着するには中世の長い期間が必要とされる。その伝道には一般的な教会のみならず、人里離れた地に建てられた修道院の存在も欠かせない。当時の修道士は自給自足の生活を営み祈祷はもちろんのこと、農耕作業にも従事したのである。さらに学問にも精進し聖書の筆写や保存につとめた事実も忘れてはならない。

大聖堂の扉
ミラノ勅令の記念
（ミラノ Milano、
イタリア）

コンスタンティヌス帝の像
―サン・ロレンツォ・マッジョーレ教会前
（ミラノ Milano、イタリア）

修道院付属図書館
（ザンクト・ガレン
Sankt Gallen、
スイス）

第二章　中世

●ゲルマン人大移動とフランク王国

ローマ帝国が東西分裂した後、三七五年に西ローマ地域へ北東部方面よりゲルマン人の大移動が始まった。彼らはギリシャ・ローマの伝統にキリスト教をとり入れて、新たな西欧世界を切り開く。従来のローマ支配地域に加えて、ライン川東部やドナウ川北部のゲルマン人原住地を含む領域がヨーロッパの出発点となる。統一したのは六世紀のフランク族の国王クローヴィスで、キリスト教に改宗して他のゲルマン部族に先んじたのである。このキリスト教とはローマ人が信仰する宗派を指し、彼らの協力を得たことが他部族を退けたフランク族発展の主要因である。彼が洗礼をうけ改宗した地、ランス（フランス）はこの由来から、以後フランス国王の戴冠場所となった。

後にイスラム教徒を撃退したカロリング家がフランク王国の権力を握り、ローマ教皇の支持を得たピピンが王に即位する（七五一年）。彼が教皇に捧げた土地が現在相当に縮小して、ヴァティカン市国になっている。その子であるカール大帝は、ヨーロッパの大部分に領地を拡大した。カールの死後三分裂したフランクの一つ、東フランクでは、フランク族ではなくザクセン族が権力闘争に勝ち残った。その王オットー大帝による神聖ローマ帝国が成立する（九六二年）。ドイツ人が中心だが、多くの他民族も含む奇妙な国である。西ヨーロッパ唯一の皇帝を擁してキリスト教会と結んだ格式高い国であった。また西フランクには現在のパリを中心としたカペー王

カール大帝像

ノートルダム寺院前
（パリ Paris、フランス）

歴史博物館入口
（フランクフルト Frankfurt、ドイツ）

市庁舎前広場
（アーヘン Aachen、ドイツ）

朝ができ（九八七年）、後のフランスとなる。残るはローマ教皇の本拠を抱え、古代ローマの伝統を最も色濃く引き継ぐイタリアである。このカールの三人の孫のうち、長子ロタールは帝冠を得てイタリアとその北のライン川沿岸地域を有し、他を圧倒する。この時代には強力な支配者による中央集権はすすまなかったから、国の外れの国境管理も厳重でなく、人間の移動などは日常茶飯事であった。

オットー大帝像　市場
（マクデブルク Magdeburg、ドイツ）

●海賊侵入とイングランドの始まり

フランク王国が衰退すると北欧からゲルマンの一派ノルマン人が南方へ進出し、イギリスやフランスを襲った。イギリスの中心は中南部のイングランドである。ノルマン人は別名ヴァイキングともいう交易集団のことで、フランク分裂の頃よりさかんに西ヨーロッパへ進出を繰り返した。航海術巧みな彼らはゲルマン人の一派で海岸沿いだけでなく川を上流までさかのぼる勢いがあり、前項に続く第二の民族移動ともいわれる。十世紀、窮地に陥ったフランス国王はこのノルマン人に対してキリスト教受容を条件に北フランス海岸一帯への定住を促した。これがノルマンディー公国であり、地名の由来でもある。当時全土に諸侯や貴族が割拠するフランスでは国王といえども国内を統一する権力はとうていなかった。

また九世紀ごろイングランドではノルマン人に対抗するためアングロ・サクソン族の統一が進んだ。さらに十一世紀にはノルマンディー公ギヨーム（英語　ウィリアム）が対岸のブリテン島を征服してイングランド王となり、統一国家としてのイギリスの歴史はここに始まる（一〇六六年）。当分の間イギリスとはこのイングランドのことと思っていただきたい。このウィリアム一世は彼が戴冠したウェストミンスター寺院をはじめ、エリザベス一世が監禁されたロンドン塔や郊外のウィンザー城など多くの建造物を残し、今では観光名所となっている。

第二章　中世

オーセバルク号
ヴァイキング船博物館
（オスロ Oslo、ノルウェー）

ノルマンディー公ギヨームの城郭
（カン Caen、フランス）

ウィリアム１世（征服王）の城郭
（ウィンザー Winsor、イギリス）

●ローマ教会の権威

フランク王国の時代からキリスト教がしだいにヨーロッパ各地に普及した。フランク王室が征服と同時に布教を進めたからである。国王と聖職者は役割を分担しながら協力していたといっていい。のちに教会の権威が高まるにつれ教会組織の緩みが目立つようになり、聖職者の妻帯や聖職売買などの腐敗がすすんだ。特に東フランク（ドイツ）では地方ごとに部族の勢力が強力なので皇帝は対抗措置をとる必要があった。そこで高位聖職者を地方の行政や徴税などの役職に任命していった。マインツ・ケルン・トリーア司教などが代表的だ。彼らは仕事柄文字が読めるから文書を扱えるし、何より子孫はいない建前だから世襲の弊害が少ない。一代ごとに皇帝の意に沿った人物を選べるわけだ。

しかし十世紀以降にはフランス・ブルゴーニュ南部のクリュニー修道院ではイタリア貧農出身の修道士イルデブランドらが辛苦を重ねながら教会改革を進めた。要は各国聖職者の任命権（叙任権ともいう）を皇帝や国王からローマ教皇に移す機運が高まった。こうしてフランスのみならずヨーロッパ各地にクリュニー派の支部組織は広がり、修道院帝国とまで呼ばれる勢いを示した。全盛期クリュニー修道院の規模も、キリスト教世界ではローマに次ぐ威容を誇ったという。そしてこの聖職叙任権をめぐって教皇グレゴリウス七世（イルデブランド）が皇帝ハインリヒ四世を破門する事態にまでいたった。破門はドイツに波紋を起こした。破門が確定すれば諸侯の反乱は必至で皇帝の地位など維持できるわけがない。『カノッサの屈辱』（一〇七七年）はイタリア中部の同名の城に大雪のなか皇帝がその謝罪に行った事件だが、教皇権力は十三世紀初めインノケンティウス三世の時期に絶頂に達した。

修道院の一部の翼楼が残る
（クリュニー Cluny、フランス）

聖職叙任権闘争の舞台　カノッサ城 Castello di Canossa
（レッジョ、エミリア郊外、イタリア）

●十字軍運動

さて十一世紀後半にはイスラム教国セルジューク朝が西方へと勢力をのばし発展してきた。そのためヨーロッパ人はキリスト教の聖地イェルサレムへの巡礼が困難となり、ビザンツ（東ローマ）皇帝からローマ教皇への救援要請がとどいた。ビザンツ帝国は別宗派のキリスト教国であり、当時はローマ教会とは対立状態だった。とはいえ独力でイスラムに対抗できないのではやむをえない。一方、隆盛となりつつあるローマ教皇はこれを機に東方への勢力拡大をもくろみキリスト教徒の軍隊、いわゆる十字軍の派遣を決定した。会議は教皇ウルバヌス二世の郷里に近いフランス・オーベルニュ地方のクレルモンで開かれた。以後十字軍の遠征は約二百年にわたって続くことになり、人々の宗教的情熱のみならず皇帝や国王の権力強化、イタリア商人の経済的利益もからみ、東方への関心は異常なまでの高まりを見せた。その中には七回の正式な軍隊派遣のみならず、民衆の自発的な軍も多数含まれる。最初に聖地に着いた十字軍は現地住民を虐殺したことでイスラム教徒の激しい反発を招いた。以後イギリス、ドイツ、フランスなど各国は共同行動をとることができず、イスラム軍が優勢となった。結局聖地は奪回できず、主導した教会の権威は低下した。代わって軍の指揮をとる国王や地方の諸侯が相対的に権力を増大させた。またこの時代東方貿易に従事したユダヤ人がキリスト教商人により閉め出され、悪名高い迫害の歴史も始まったのである。なお十字軍の運動は、ヨーロッパに高度なイスラム文化やそれに影響を与えたギリシャ・ローマ文化を受け入れるきっかけとなった。十字軍が出発する拠点は地中海に沿うヴェネツィア（イタリア）やマルセイユ（フランス）、ドナウ川に面するレーゲンスブルク（ドイツ）などである。

聖地方角を指さすウルバヌス２世像
（クレルモン・フェラン Clermont Ferrand、フランス）

十字軍の輸送で繁栄したヴェネツィア Venezia
（イタリア）

●商業と都市の発展

中世以後のヨーロッパには、ローマ時代からの伝統ある都市がわずかに点在するにすぎなかった。そしてこれら都市を維持するには、皇帝や国王、大司教や領主など有力諸侯の援助が必要だったのである。同時期の中国やイスラム諸国と比べると農業生産力も弱く商業も活発とはいえない後進的な地域だったことを改めて確認しておきたい。ところで聖地巡礼がさかんになり、バルト海や地中海航路における交易で陸上路が整備されると、商取引の拠点として都市がヨーロッパ各地に生まれた。また鉄製農具の普及などによる生産力の向上は人口の増加をもたらした。余剰生産物が多くなれば商人が多数出現し、農村から人間の移動が起こることになる。とりわけ十一～十三世紀には、束縛された従来の農村から自由を求めた人々により都市が成立・発展していった。主な住民は商人や職人であり、教会や市庁舎を中心に放射線状に市街が拡がる。ただ住民の暮らしはとても快適とはいえない。自衛のためもあり広い空間は望めないから、住宅は五階前後に高層化され、周囲に市壁を作り夜は市門を閉めてしまう。住民は衛生状況の悪いなかで夜間も防備を担う必要があったのである。特に国王権力の強くないドイツやイタリア、そしてベルギーを中心とするフランドル地方などでは都市の自立が顕著に現れる。国家から強力な保護を期待できない都市は自衛のため軍事力を持ち、相互扶助を目的に都市間の同盟が成立した。ドイツを含む北ヨーロッパのハンザ同盟、ドイツ中西部ライン都市同盟、南部シュヴァーベン同盟などが知られる。また神聖ローマ皇帝やフランス王に対抗した、それぞれ北イタリアのロンバルディア同盟やフランドル都市連合の例もある。この半ば独立した自由都市成立の中に市民を中心としたヨーロッパ民主主義の基本精神が育まれていった。ことさら景観に関していうならドイツ、ベルギー各地やイタリアの中北部は国王権の強いイギリスやフランスと比べて地方の独自性が感じられる。

欧州南北の交易拠点地　ブリュージュ Bruges「オランダ語ブルッヘ」（ベルギー）

ところで日本にはこのような市民が主となる都市は成立しなかった。地元の大名や寺社の援助なしには運営が困難だったからであろう。特定時期の堺がせいぜい自治都市といえる程度である。筆者はこれらヨーロッパ都市中心部を気ままに歩き回ることが旅行時の最大の楽しみであった。建造物のみならず都市を囲む市壁や荷を積むための起重機、戦闘用の大砲、動力源としての水車など中世の雰囲気にとりつかれていたと言っていい。そのなかから教科書や資料集等に載る都市をいくつか挙げてみよう。

ハンザ同盟の中心都市　リューベック Lübeck（ドイツ）

ブレーメン商人が築く　リガ Rīga
（ラトヴィア）

円形の市壁が残る　ネルトリンゲン Nördlingen（ドイツ）

欧州最大の城壁　カルカッソンヌ Carcassonne（フランス）

●教皇権の衰退

十字軍の時代は同時に王権の伸長が進んだ時期でもあり、特にフランスやイギリスにおいては富裕商人との関係が強まった。また十字軍の失敗で教皇の地位は低下、教会組織の腐敗も続いたので不信を抱く人びとが増えていくことになる。十四世紀初めフランス王フィリップ四世はイギリスに対抗しフランドル地方へ進出するなど、強く中央集権化をすすめた。また教会に対抗するために、聖職者・貴族・市民からなる三部会を創設して国民意識を高めた。彼は広く国内の教会領地に課税したことで教皇ボニファティウス八世の反発を招きつつも憤死に追い込んだ。ついに後にはフランス人司教を教皇に立て教皇庁をフランス南部のアヴィニョンへ移したのである(一三〇九年)。後にローマにも再び教皇が戻り、さらには両者が退かないので新たな三人目の教皇がピサに立つという事態になり教会の分裂もここに極まった。

こうして統一教皇を実現させ、教会改革を叫ぶ動きと民衆の反感は高まり、イギリス人ウィクリフが毅然と聖書主義を唱えた。その影響を受けたチェコ人のフスは、コンスタンツ公会議で火刑を宣告された。当時のチェコ「独語ベーメン」王は神聖ローマ帝国、いわゆるドイツの皇帝位についており、保守的な教会への挑戦と受けとめられたからである。以後もカトリック教会をめぐる混乱はおさまらず、およそ一世紀後には宗教改革という激動期を迎えることになる。

移転した教皇庁
（アヴィニョン Avignon、フランス）

穀物倉庫　公会議の開催
（コンスタンツ Konstanz、ドイツ）

●モンゴル人の侵入

十字軍遠征の末期にはヨーロッパの歴史は外部からの動きに直面する。モンゴル人チンギス＝ハンの孫バトゥが西方遠征で広大なシベリアを駆け抜け、騎馬軍隊を使いヨーロッパ社会を揺るがした事実を取り上げてみたい。現在のポーランド南部で一二四一年にドイツ・ポーランド連合のキリスト教徒軍が敗れたのである。もしこの後に実力者オゴタイ（チンギスの子）の死によってバトゥがモンゴルに引き揚げなければ西方へとさらに進出していた可能性はある。西ヨーロッパまで占領されたなら歴史は幾分変わっていたかもしれない。戦場はドイツ語を英語式に読んだワールシュタット、もしくは近郊の地名リーグニッツ「独語読み　ポーランド語レグニツァ」と教科書では書かれることもある。なおワールシュタットには死体の山という意味があり、完膚なきまでに叩きのめされた名残の地名である。

ワールシュタットの戦没者記念教会
（レグニツキエ・ポレ Legnickie Pole、ポーランド）

●英仏百年戦争

王権が伸長した中世期のフランス・イギリス間の領土争いは複雑極まりない。十一世紀にフランス北部からヴァイキングの子孫ノルマン人がイングランドへ侵入、支配してイギリスの歴史が始まったと書いた。次の十二世紀にはアンジュー家のフランス貴族が再び海を越え、イギリスの国王になったのである。この貴族の領地はフランス全土の半分を擁し、パリと周辺部しかない国王の領地をはるかに上回っていた。ことばを変えるとイギリス王がフランス内に多くの領地を持つということである。これでは国の領土を確定することなどいかに困難か想像できるであろう。この新国王ヘンリの息子には十字軍遠征で国内にほとんど不在だったリチャード、民主主義の発達を促したマグナ・カルタ（大憲章）を制定したその弟ジョンが知られる。なお彼らはイギリス王であるがフランスの出身ゆえに、それぞれリシャール、ジャンと自称しフランス語しか話さない。英語を使うイギリス王の登場はまだ先の先の話である。

百年戦争の最大の原因は毛織物産業の中心フランドル地方（ベルギー）の帰属をめぐる争いである。またワインで名高いボルドー（フランス）付近は当時イギリス領であり、フランス王が脅威を与えられたことも指摘される。そして一四世紀イギリス王エドワード一世が当時のフランス王家の男系が絶えたので、自分の母親（フィリップ四世の娘）がフランス王家出身であることを理由に戦闘をしかけた。ところがフランスは連戦連敗、国家存亡の危機となる。敗戦の理由はフ

大聖堂　戴冠式の場
（ランス Reims、フランス）

ランス王家の分家ブルゴーニュ公国がフランス東部からオランダ・ベルギー方面まで領土を拡大させてイギリスと共謀していたことが大きい。しょせんフランスの中で分裂していては勝てるわけがない。ここに「神のお告げ」を聞いたとされる少女ジャンヌ＝ダルクが現われて兵士の意気は高まり、一四二九年にオルレアン郊外パテーで大勝した。彼女が素性を疑われた前国王の息子をシャルル七世としてランスで戴冠させて以後、フランス軍は攻勢を加速した。しかしパリを奪回できず、翌年自身はコンピエーニュで捕らえられた。一四三一年に投獄されていたルーアンで処刑となる。結局イギリス軍は大陸（北端のカレーを除く）から追放されて終戦となった。以後英仏両国は国王による中央集権が急速に進みヨーロッパでの確固たる地位を築く。敗戦に終わったイギリスでは国内でランカスター家とヨーク家によるばら戦争という内乱が三十年間続いた。争いは混迷し両者は共倒れとなり、傍系テューダー家のヘンリ七世によってイギリスは統一され、後の絶対主義への道を歩みだした。

ジャンヌ＝ダルク像

ピラミッド広場
（パリ Paris、フランス）

マルトロワ広場
（オルレアン Orléans、フランス）

旧市場広場
（ルーアン Rouen、フランス）

●イベリア半島の国土回復運動

八世紀以来、イベリア半島はイスラム教徒に長く占領された。またここにはヨーロッパのなかでも比較的多数のユダヤ教徒も住んでいた。というのも、彼らの商業上の地位を他宗教に寛容なイスラム教徒が保障していたからである。しかし十字軍以来、キリスト教徒の勢力が拡大し、北部からしだいにレコンキスタと呼ぶ国土回復運動が激しくなった。当初キリスト教国は多くの国々に分かれていたが、しだいにカスティリャ、アラゴン、ポルトガル三国が強力になった。国名カスティリャの語源はラテン語の「城」である。南へ進撃する際に多くの城を築いていったことからつけられたという。ポルトガルはカスティリャから十二世紀に独立した。十五世紀になるとカスティリャ王女イサベルとアラゴン王子フェルナンドは結婚し、後に両者はそれぞれ王となり両国の統合となった。これがスペイン王国の成立で（一四七九年）、一四九二年にイスラム最後の拠点グラナダを陥落させレコンキスタは完了した。スペインのイスラムを圧倒した躍動は継続し、海外への膨張へとつながる。今もグラナダの南東部には華麗で哀愁を帯びたアルハンブラ宮殿が残る。宮殿とはいえ城塞として築かれたので、王宮などの建物の他、数々の庭園がある広大な敷地を巡ってみたい。イサベル女王夫妻は大英断を下し大砲で破壊することなく、ひたすら兵糧攻めでこのアルハンブラを無血開城させたのだ。それゆえ見学者はそのイスラム芸術の極致に触れることができる。最後のイスラム王の「アルハンブラの思い出」は悲痛なまでの叫びを現代人に想起させる。

アルハンブラ宮殿　パルタルの庭（グラナダ Granada、スペイン）

イサベル女王像　王宮
（マドリード Madrid、スペイン）

●分裂状態のドイツとその東方植民

イギリス・フランスとは逆に、統一国家とはほど遠い状態だったのがドイツやイタリアである。まずイタリアには教皇という特権的な存在があり、フランク分裂後は国王とは名ばかりで神聖ローマ皇帝（要するにドイツ国王）の影響下にあえいでいたからである。しかもイタリア内部では商業で栄えたヴェネツィア、ジェノヴァ、ミラノ、フィレンツェ等の都市国家がヨーロッパ経済を牛耳っていたのである。ドイツの方はゲルマン古来の部族制伝統が根強く残り、国王はヨーロッパ唯一の皇帝としてイタリア遠征を頻繁に繰り返した。これではドイツ国内を集権化するなどとうてい不可能であり、その極めつけは皇帝選出に七人の有力者を定めた金印勅書である。一三五六年に二度、ニュルンベルクとメッツ（現フランスのメッス）で発布された。皇帝カール四世の時代で勅書発布後に最初の議会がニュルンベルクで開かれた。皇帝はチェコを中心とするボヘミア国王カレル一世でもあり、首都プラハのカレル橋に名を残している。ややこしいが当時のチェコはドイツの一部を構成しており、教科書ではドイツ語読みでカールと表記している。

そして十二世紀以後にドイツ人は産業発展や人口増加のため東方のスラブ人居住地域に植民を行い、ブランデンブルク辺境伯領（現在のベルリンを中心とする東部一帯）やドイツ騎士団領を築きあげた。後に両国は合体してプロイセン王国となった。この東方植民は十字軍、イベリア半島の国土回復運動と並ぶヨーロッパ人の対外膨張政策と位置づけられている。

聖母教会
時計の下、皇帝像の回りに七選帝侯が現れる
（ニュルンベルク Nürnberg、ドイツ）

カール４世像　カレル橋に建つ
（プラハ Praha、チェコ）

ドイツ騎士団の築いたマリエンブルク城
（マルボルク Malbork、ポーランド）

第三章　中世から近代へ

●地理上の発見

イギリスやフランス同様に王権が進んだのはスペインとポルトガルである。この両国が大航海時代の先頭を走るのだが、渡航の最大目的はインド産香辛料の獲得だといわれる。肉食のヨーロッパ人にとって臭味を消す効果があったからである。にわかに信じ難いが香辛料の一粒が金や銀と同じ価値を持つとされた時代だった。エンリケ航海王子の頃よりアフリカ西岸からインドへの航路を開いたのがポルトガルであり、一四九八年にヴァスコ＝ダ＝ガマがこの偉業を達成した。一方スペイン女王イサベルが、イタリア・ジェノヴァ出身のコロンブスの航海費用を捻出したことが新大陸開拓につながった。こちらは一四九二年のことで前述したイスラム教徒を追放した直後である。後に新大陸であることを確認したのはフィレンツェ出身のアメリゴ＝ヴェスプッチである。「アメリカ」という名は彼にちなんでいる。スペインはマゼランによる世界周航も援助して（ただし本人はフィリピンで死亡した）、巨万の富を独占した。新大陸との貿易量が格段に増えるとヴェネツィアなどイタリア諸都市による地中海商業は急激に衰えていった。代わってスペイン領ネーデルラントのアントウェルペン（英語アントワープ）が繁栄の一途をたどることになる。アジアの香辛料、イギリス産の毛織物、南ドイツ産の銀や銅を取引きする国際的な市場となったからである。

女王(左)からコロンブスが
渡航許可書を受けとる
(グラナダ Granada、スペイン)

発見記念碑
エンリケを先頭にガマ等航海者が並ぶ
(リスボン「ポルトガル語 リジュボワ」
Lisboa、ポルトガル)

ギルドハウス　マルクト広場 (アントウェルペン Antwerpen、ベルギー)

●ルネサンスと科学技術の革新

中世の終わりには有名なイタリア・ルネサンスが開花し、ギリシャ・ローマの古典文化への関心が高まる。従来のキリスト教の神に代わり、真理と善は人間の中に存在するとされた人文主義がその口火を切った。十字軍以来商業の発展により富を蓄えたイタリア都市にはイスラム世界やビザンツ（東ローマ）帝国に保持された文献が学者とともに流入したことが大きな要因である。まさにヴェネツィア共和国、フィレンツェ共和国、ミラノ公国、ローマ教皇領などが競って学者・芸術家を保護する気風が生まれた。世界遺産の半数近くがあるイタリアの歴史的名所・著名人物たちは文献も豊富なので詳細は省くことにする。思想家マキャヴェリによる「君主論」はこの分裂したイタリアの富をねらう外国勢力に対抗するべく、支配者たる者の力量を説いた書である。にもかかわらず彼の郷里フィレンツェは当主ロレンツォ＝デ＝メディチ死後まもなくフランス軍の侵入を許してしまう。

ルネサンスはさらにイタリアを越えて各国に影響を与えた。そのなかでも特にフランス中部ロワール地方に残る数多くの優美な古城も見逃せない。十五世紀にレオナルド＝ダ＝ヴィンチがフランス王に請われ、ロワール川周辺に移住した。そのため秘蔵作品の「モナ＝リザ」は彼の保護者、国王フランソワ一世によりパリのルーブル宮殿に保管されている。ここが博物館になったのは十八世紀末、まさにフランス革命の最中のことである。

またルネサンスの時代には科学技術の進歩も目覚ましく、中国起源の火薬・羅針盤・印刷術が改良され、イスラム世界を通じてヨーロッパに伝えられた。これらはそれぞれ戦術の変化、遠洋航海術の進歩、そして宗教改革を可能にするもので、新しい時代を切り開いていった。

印刷術を改良したグーテンベルク像
（マインツ Mainz、ドイツ）

花の聖母寺
（フィレンツェ Firenze、イタリア）

ルネサンス式城館
（シュノンソー Chenonceau、フランス）

●宗教改革（ルターとカルヴァン）

カトリック教会への積み重なる不信感は宗教改革を引き起こした。贖宥状《しょくゆうじょう》、いわゆる免罪符なるお札を買わされていたドイツ民衆に火がついてしまった。当時ドイツは三百以上もの自治体から成る分裂国家で、皇帝権力が弱体化しマインツ大司教を筆頭とする教会権力から搾取されていた。なお皇帝や教皇に金を援助していたのがドイツの豪商フッガー家であり、免罪符販売もローマのサンピエトロ大聖堂改築など教会の借金返済が最大の目的であった。当初ルターは単なる教義への疑問をヴィッテンベルクで公開したのだが（一五一七年）、ローマからの取消し要求に納得できず、ヴォルムスの帝国議会で新皇帝カール五世に自説を貫いた。新約聖書のドイツ語訳が出版され、後にはルターに煽られた農民が封建領主に対して各地で暴動を起こした。こうしてシュマルカルデン戦争という新旧諸侯の内乱へと進んでいった。結局皇帝は教皇と協力できず、ドイツのさらなる混乱を避けるためやむなくアウクスブルク「英語アウグスブルグ」の和議が結ばれた（一五五五年）。これはドイツ人が個人ではなく諸侯や都市の単位で新旧両派どちらかを選択できる内容である。

またスイスでも改革者ツヴィングリやカルヴァンが現れた。特にフランス人カルヴァンは国を逃れ禁欲的生活を送りながら蓄財を認める宗派を開き、勃興しつつあった市民階級の支持を得ていった。カルヴァン派はイギリスではピューリタン、フランスではユグノーと呼ばれ、両国変革の主役に躍り出た。

なおカトリック側も体制立て直しのため公会議をトレント（独語トリエント）で開いた。新教徒は召集に応じなかったため、教皇の至上性を認め従来の教義の確立や新教徒に対する宗教裁判の強化をはかった。対抗宗教改革や反宗教改革ともいう。スペインではイエズス会が設立され、海外布教が積極的に展開された。会員では日本に来たフランシスコ＝ザビエルが知られる。

95カ条の論題　城館附属教会の扉
（ルターシュタット・ヴィッテンベルク Lutherstadt Wittenberg、ドイツ）

皇帝に面会した司教公邸
（ヴォルムス Worms、ドイツ）

農民戦争の首領ミュンツァー像
（ミュールハウゼン Mühlhausen、ドイツ）

新約聖書が独訳されたヴァルトブルク城
（アイゼナハ Eisenach、ドイツ）

ルター派諸侯が同盟を結んだ市庁舎（シュマルカルデン Schmalkalden、ドイツ）

和議を記念し教会が並ぶ（アウクスブルク Augsburg、ドイツ）

奥の大きな建物　カトリック
中央手前の建物　ルター派

サンタ・マリア・マジョーレ教会
カトリック聖職者の公会議
（トレント Trento、イタリア）

宗教改革記念碑　左より二人目がカルヴァン
（ジュネーヴ Genève、スイス）

第四章　近代

●イギリス国教会の成立と絶対王政の始まり

百年戦争後、イギリスでは国内を統一したヘンリ七世の時代に古い封建貴族が没落しジェントリと呼ぶ小貴族が成長した。王権を支える彼らの下にヨーマンという富農層が生まれ、産業の近代化が進み羊毛生産国から羊毛輸出国へと変貌した。イギリス発展への基礎固めといっていいだろう。次のヘンリ八世は自身の離婚を認めない教皇と対立しカトリックと縁を切る。王の妻キャサリンは当時の皇帝カール五世の叔母に当たり、教皇が渋ったのも無理はない。これを首長法（一五三四年）という。すなわち十六世紀におけるイギリス国教会の成立で、国王を首長とし国内の教会を支配監督する。教義はカトリックとさほど変わらない。こうして教会財産を購入した地主や大商人たちが中央集権を目指す国王を支えた。男子を生まず処刑された後妻アン＝ブーリンの娘がエリザベス一世である。彼女は宗教問題に深入りせず、当時強力だった無敵艦隊を擁するスペインを破るなど海外進出も積極的に行なった。とりわけ毛織物工業の発展は目覚ましく、一六〇〇年には東インド会社を設立するなど植民地帝国への道が開かれた。

近代になりヨーロッパでは国王が強大な権力をにぎる絶対王政が始まった。そのしくみは国家統一と防衛のため官僚と常備軍をもち、その維持管理のため大商人に特権を認め献金させた。大航海時代以降、海外貿易の利益はその絶好の資金源となったのである。

ロンドン塔　ヘンリ８世の王妃（エリザベス１世の母）を処刑した
（ロンドン London、イギリス）

●スペイン全盛期とオランダ独立

一六世紀、スペインでは新大陸の資源を半ば独占したフェリペ二世が君臨した。彼はハプスブルク家のカルロス一世（ドイツ皇帝カール五世と同一人物）の子であり、イギリス女王メアリ一世（エリザベス一世の異母姉）と結婚し同国のカトリック復活を狙っていた。またヨーロッパをおびやかしていたオスマン帝国を破り地中海の覇権を握った。さらには血縁の関係でポルトガル王位も兼ね、その海外植民地を加えて「太陽の沈まぬ国」を現出した。彼の離宮、マドリード郊外エル・エスコリアルには一五八四年、天正遣欧少年使節も訪れたという。このスペインの繁栄の中心であったのがネーデルラントである。北海からフランス北部にかけての「低い土地」を指している。

そのスペイン支配下のネーデルラント住民はカルヴァン派の商工業者が多く、宗教弾圧と重税に反発し独立運動を起こした。指導者のオラニエ公ウィレムは海賊を組織してスペイン軍に抵抗を続け、イギリスも援軍を送った。しだいに前述の商業都市アントウェルペンに代わりアムステルダムが台頭した。カトリック信者の多い南部は脱落したので、北部の七州がユトレヒト同盟を結び最後まで団結し、オランダとして独立するに至る。七州の中心であったホラント州が国名の由来である。一五八一年ウィレムはオランダ総督、事実上の国家元首となったが、三年後デルフトの居館で銃弾に倒れた。

大学本館　独立への同盟結成
（ユトレヒト Utrecht、オランダ）

修道院兼離宮　カルロスとフェリペの棺がある
（エル・エスコリアル El Escorial、スペイン）

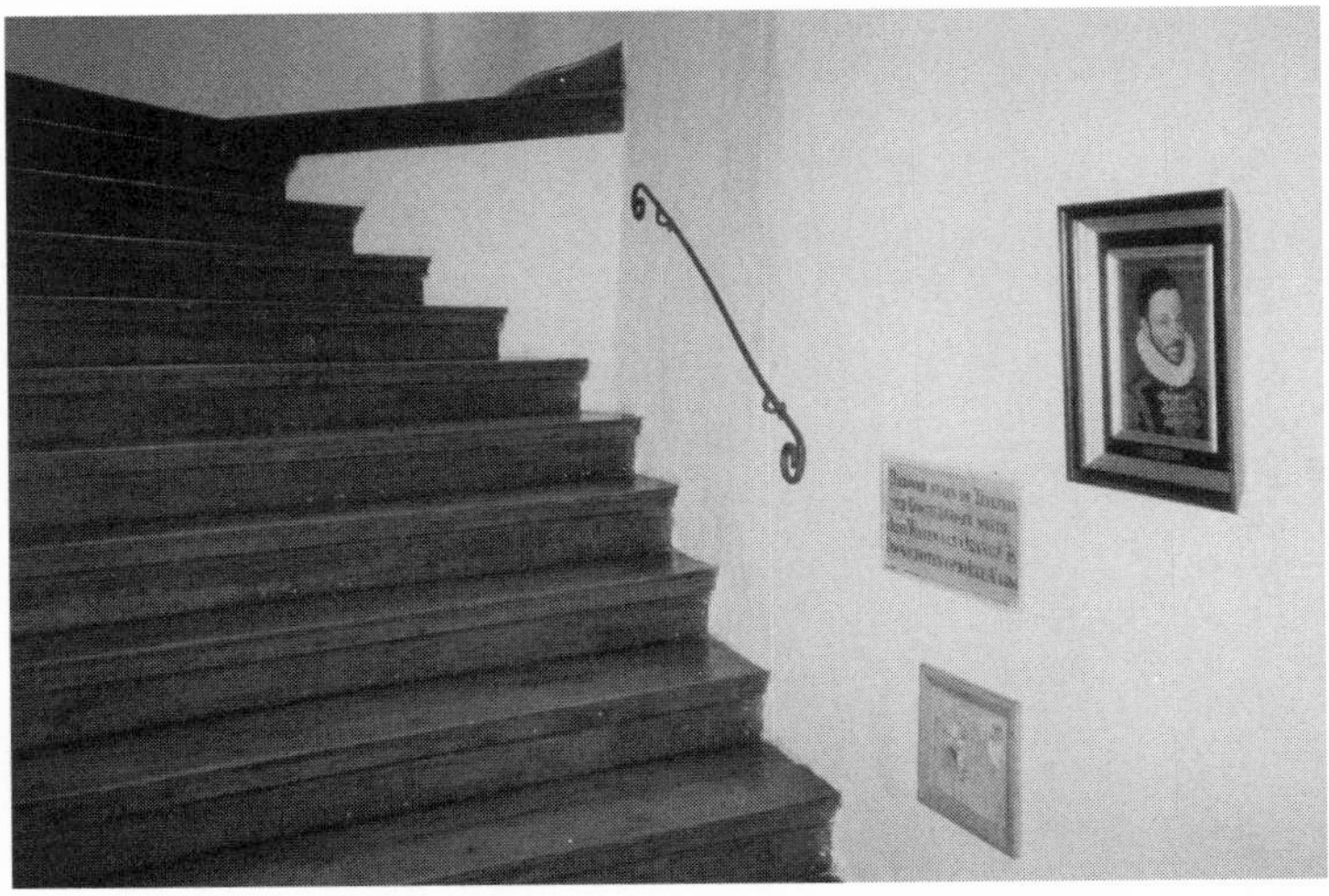

プリンセンホフ博物館　オラニエ公ウィレム暗殺の地
（デルフト Delft、オランダ）

●イギリス革命とフランス絶対王政

エリザベス一世は独身ゆえにその死後、隣国スコットランドの王がイギリス王となる。この王の母はメアリ＝スチュワートで、祖母はイングランド王ヘンリ七世の娘という血筋だからである。実際にはスコットランド王は辞めずに代理を置き、イングランド国王を兼任するというわかりにくさだ。何度も書くがイギリスとはイングランドのみを指し、スコットランドはまだイギリスに含まれていないのである。独裁的な王に対し議会の反発は強く、次の王チャールズ一世下でピューリタン（清教徒）革命が起きてこの王は一六四九年に処刑される。後に議会派首領クロムウェルが権力を握った時期があり、彼の没後チャールズ一世の子が戻って王政復古となる。ところがその弟ジェームズ二世が王位を継ぐと以前のように国民の権利が侵害された。そのうえ国王に男子が生まれるや、議会は将来を案じて一六八八年、オランダに嫁いだ王の娘メアリと夫ウィリアムの二人を王位につける。血を流すことなく反動的な王が退いたので、イギリス人はこの交代劇を名誉革命と呼んでいる。国王の権力は限定され、以後イギリス国教会を守るためカトリック信者を避けた結果、ドイツから遠縁を口説き国王に迎えたほどである。

フランスは十六世紀末ブルボン朝を開いたアンリ四世が自ら新教徒に改宗し、ナントの勅令（一五九八年）を出してユグノー（カルヴァン派）に信仰の自由を与えカトリックとの対立を終結させた。次のルイ十三世の時代に宰相リシュリューにより大貴族を抑え、ドイツの皇帝位を占め

ジェームズ１世が生まれた城（エディンバラ Edinburgh、イギリス）

アンリ４世像　ポン・ヌフ「最古の橋」（パリ Paris、フランス）

ブルターニュ大公城　勅令の発布（ナント Nants、フランス）

るハプスブルク家に対抗した。さらにルイ十四世の時代になると度重なる侵略戦争で領土を拡大し、比類なき権勢を誇り「太陽王」とまで言われた。またヴェルサイユ宮殿を造営して王室と貴族勢力の奢侈化はすすみ、庶民の貧困化は深刻な状態になり大革命の遠因をつくった。後にナントの勅令の廃止（一六八五年）によりユグノーは逃亡し商工業の衰退を招いた。逆に逃亡先のイギリスの産業発展を促したことになる。

●ドイツ三十年戦争

さて宗教改革はドイツに更なる混乱をもたらした。一六一八年、チェコ人の大多数を占める新教徒が信仰の自由を求め、王宮で皇帝役人を窓の外につきおとしたことが戦争のきっかけとなる（一六一八年）。チェコはフスを生んだ国でドイツ人に対する反感も強い。チェコ（独語ベーメン）王は金印勅書で定めた七選帝侯の一人である。都のプラハはいわば当時の神聖ローマ帝国の中枢である。翌年に新教徒はプラハ郊外ビーラーホラで反乱を起こしたが早々と旧教側の皇帝に鎮圧された。しかし皇帝位につくハプスブルク家の強大化を阻止するため、同じ旧教側のフランス・ブルボン家が新教側に立ちデンマークやスウェーデンを支援した。後には黒幕のフランス軍も介入するなどで戦争は長期化した。平和交渉も長引きようやく一六四八年にウェストファリア条約が結ばれた。

窓外放出事件がおきた王宮の部屋
（プラハ Praha、チェコ）

この結果皇帝権力は低下、スイスとオランダに独立を許した分裂国家ドイツは三百以上もの自治体の集合体と化した。フランスに西部の領土を奪われ、ルター派に加えカルヴァン派も容認され、なかにはイギリス・オラン

ウェストファリア条約の締結された市庁舎「平和の間」
（ミュンスター Münster、ドイツ）

ビーラーホラの戦い　1620 年　の記念碑
（Bílé hoře、チェコ）

ダ・スウェーデンに主権を許す公国も含まれた。こうなるともうドイツは国家の体を成していない。それでもこの不可思議な国ドイツはナポレオンの時代まで存続する。終戦時にはヨーロッパ中から四十以上の国が集まったが長年の複雑な利害が絡み合い、使用言語も多岐にわたるために結論がなかなか出ない。講和は皇帝とカトリック諸侯がドイツ西部ミュンスターで、皇帝と新教諸侯が同西部オスナブリュックで会議を開くという変則ぶりである。両都市の地域名称ヴェストファーレンの英語名がウェストファリアである。戦勝国フランスとスウェーデンの中間に位置する。ウェストファリア条約は世界初の国際会議といわれるほど後世に大きな影響を与えた。それぞれの国が平等かつ独立した「主権」を認め合った体制を作り上げ、現在の国際関係の基礎とされている。

●オーストリアとプロイセン

三十年戦争で疲弊したドイツではプロイセンという国が強大化する。もともとバルト海沿いのドイツ化されたプロイセン公国がベルリンを中心とするブランデンブルク選帝侯国と合体した国である。人口不足を補うためフランス人（新教徒ユグノー）やスラブ系住民を多数受け入れ、常備軍を増強し産業育成につとめた。十八世紀、フリードリヒ二世の時代にヨーロッパの中心舞台に躍り出た。大王ともいわれる彼は人民の生活改善に配慮し啓蒙専制君主とされる。ただそれは治世晩年のことで、当初は軍国主義を徹底的に進めた策略家であった。

フリードリヒは即位後まもなく、オーストリア・ハプスブルク家の男子が絶えた際に資源豊富な領地シュレジエン（現ポーランド、シロンスク地方）を強奪した。このため女帝マリア＝テレジアはおよそ三百年間敵対したフランスと同盟を結び、プロイセンに反撃を繰り返した。外交革命ともいうフランスとの同盟は彼女の末娘マリア＝アントーニア「仏語マリ＝アントワネット」をフランス王子に嫁がせたことに象徴される。このオーストリア＝フランス（国王寵妃ポンパドゥール夫人）・ロシア（エリザヴェータ女帝）の女性同盟でプロイセンに攻勢をかけ続けた。しかしフリードリヒは苦境に陥りながらも彼を崇拝するロシア新皇帝の即位という幸運で窮地を脱した。オーストリアは領地回復を果たせなかったが、女帝の類まれなる統率力により近代化への諸改革に着手する。都ウィーンの街もさまざまな建築様式があふれる現在の外観を備えていった。

フリードリヒ２世の建てたサン＝スーシ宮殿（ポツダム Potsdam、ドイツ）

マリア＝テレジアと役人像
（ウィーン Wien、オーストリア）

銃弾跡の残るフリードリヒ２世の軍服
ホーエンツォレルン城
（ヘヒンゲン Hechingen、ドイツ）

●フランス革命

長年にわたる戦費や宮廷の奢侈などで財政破綻したフランスでは一七八九年、地方からわきあがった不満が一気に表面化した。ヴェルサイユの国会（三部会）では第三身分（平民）議員が特権身分への課税を求めたが、これに応じない第一身分（僧侶）と第二身分（貴族）議員に見切りをつけた。第三身分のみで国民議会をつくり、ヨーロッパ社会を変革する激動が始まった。パリ市民は国民議会を停止させようとする外国人軍隊の進撃におびえだした。そこで市民軍をつくり武器を求め市庁舎やアンヴァリッド（廃兵院）等に押し入るが全然数が足りない。バスティーユ牢獄を襲ったのは市内中心部に近く豊富に弾薬、兵器があると判断されたからである。これをきっかけに全国各地で農民暴動が勃発した。当時は凶作が続き貴族が農村を襲い食糧を奪うのではと噂されたのである。国民議会は封建的特権を廃止し人権宣言を制定した。しだいに開明的な貴族や僧侶も議会に合流してきた。また女性たちが食糧を求めたヴェルサイユ行進の後には王室がパリに戻った。貴族にそそのかされている国王を守ろうと民衆は考えたのであった。

しかし一七九一年に国王ルイ一六世一家のヴァレンヌ逃亡事件で国民の信頼は急激に失せ、国王に同情をよせるオーストリアの皇帝（マリ＝アントワネットの兄）とプロイセン王は軍事介入をほのめかした。このピルニッツ宣言にフランス国民は危機感を高めた。ついに外国軍が侵入すると全国から義勇兵が集まるも敗戦が続いたが、翌九二年にヴァルミーで勝利を得るや攻勢に転じた。九三年に国王はギロチン（断頭台）で処刑された。王のいない共和政は下層の民衆（サンキュロット）に支持基盤を持つジャコバン派首領ロベスピエールの独裁となるが、仲間の離反を招き国王同様に処刑された。革命の詳細はここで充分触れる余裕はない。革命の終盤には砲兵隊長としてナポレオンが人民の支持を得て頭角を現わした。自由と権利を得た農民や都市民衆は王政の復活を当然望まず、またギロチンの処刑が続く混乱は人々を恐怖心に陥れた。革命を生んだ民衆の運動はしだいにイタリア、ドイツなど大陸諸国へと影響を与え旧態依然の貴族社会を揺り動かしていった。

逃亡した国王が捕まった橋　向かい側にカフェ「ルイ16世」というカフェがある（ヴァレンヌ Varennes、フランス）

革命政府を威嚇した地（ピルニッツ Pillnitz、ドイツ）

勝利に導いた
ケレルマン将軍の像
（ヴァルミー Valmy、フランス）

●ナポレオンの時代

戦争に明け暮れたナポレオンだが、革命の最中であるがゆえに歴史に名を刻むことができた。階級社会においてはフランスのみならず軍隊には貴族出身の指揮官が多く、一般国民を防衛するという意識はほとんどない。軍人は国のためではなく上司の命令に忠実に従うことが最優先される。革命時にフランスを守るという意識が薄いのだから、簡単に勝利することはできない。身分を問わずたとえ経験が浅くても、国民の意向をくんだ有能な軍人が出世していくのは道理であろう。ましてや故郷コルシカ島は生後まもなくフランス領となった僻地である。標準フランス語を話せないフランス人であればこそ国家の勝利こそが自己の存在を訴える最良の機会となる。革命で財産や人権を得た農民や労働者は、独裁者であっても軍事力で平和を守ってくれることを願った。当初フランス以外の国々でもナポレオンの進出を歓迎し、王制打破や民族の独立を望む運動が過熱した。ナポレオンがヨーロッパを広く制圧できた大きな理由である。

ロベスピエール失脚後の総裁政府に入り、クーデタで一七九九年に第一統領となり事実上の独裁権を握った。一八〇一年よりオーストリアに勝利しリュネヴィル条約でイタリアを保護領にし、ライン川左岸やベルギーなどにも領土を拡大した。イギリスにエジプトで敗北し、〇二年にアミアンの和約で一時休戦した。そして一八〇四年にローマ教皇をパリに呼び皇帝に即位した後、〇五年にまたもイギリスにトラファルガー沖で敗れたがオーストリア・ロシア連合軍にアウステルリッツで大勝、〇六年に西南ドイツ諸邦に「ライン同盟」を成立させた。その結果三百以上あったドイツ諸国をおよそ四十に整理統合した。ここに十世紀以来続いた神聖ローマ帝国は崩壊した。〇七年にロシア・プロイセンとはティルジット条約を結んだ。

後にハプスブルク家皇女との再婚から保守化したナポレオンは大陸諸国にイギリスとの貿易を禁じる大陸封鎖令を出すにいたり、自分の野心に燃える専制君主とみた諸国の離反を招き抵抗運動が激しくなった。ベートーヴェンの交響曲第三番「英雄」は元来「ボナパルト（ナポレオン）」というタイトルとされ、以前に賞賛をおくったナポレオンに怒りを向けて改名したためといわれる。

〇八年からスペインへの侵略を開始し、「革命者」から「圧政者」へと変化した。十二年からのロシア遠征ではモスクワ占領後に飢えや凍傷などで退却せざるをえなくなった。十三年ライプツィヒの戦いに敗れ、翌十四年に退位しエルバ島に流された。それでも翌十五年に島を脱出し再起をはかるがワーテルローで敗北し、大西洋の孤島セントヘレナへ流され世を去った。

ナポレオン像　アウステルリッツの講和、プレスブルク条約締結会場前で
（ブラティスラヴァ Bratislava、スロヴァキア）

三帝会戦の地　平和の石塔
スラフコフ「独語アウステルリッツ」郊外
（プラツェ Prace、チェコ）

帝国議会博物館　神聖ローマ帝国での最後の議会が開かれた
（レーゲンスブルク Regensburg、ドイツ）

諸国民戦争記念碑
（ライプツィヒ Leipzig、ドイツ）

ティルジット条約の平和記念碑
上段から仏独露語で表記されている
（ソヴィェツク Sovetsk、ロシア）

ナポレオン博物館（ワーテルロー Waterloo、ベルギー）

●ウィーン体制

フランス革命は間違いなく世界の歴史の大転換点であった。王侯貴族は昔の栄光を取り戻そうとナポレオン没落後、一八一四年から翌年にかけウィーン会議を開き領土の線引きを始めた。この会議は全体会などなく市内各所で様々な取り決めがなされた。「会議は踊る」とはよくいわれるが、文字通り舞踏会でさえ交渉会場の一部であった。途中でナポレオンがエルバ島から戻ってこなければ会議は二年かけても終了しなかったのではないか。ウィーンに列国を呼び寄せた最大要因はオーストリア宰相メッテルニヒの主導によるものだ。彼ほど社交的で美男なうえ諸言語に堪能な政治家も珍しいだろう。ライン河畔コブレンツ（ドイツ）の生まれだがこの都市はフランス革命時、エミグレ（フランス亡命貴族）の拠点になった。革命政府にドイツの所領を奪われたことも革命ぎらいの原因なのだろう。後にオーストリア宰相の孫娘との婚姻によりウィーンで出世街道を上り詰めた。

ウィーン体制とは社会のしくみをフランス革命前の状態に戻す正統主義を基本理念にしたため、各国の自由主義や民族主義を抑圧する仕組みである。いわゆる革命で燃え上がった一般庶民の願いを裏切る結果となった。要はヨーロッパの大国オーストリア・プロイセン・イギリス・ロシア・フランスで小国や中小民族の要求を握りつぶしてしまうという思惑である。ただ彼らの自由への渇望は止められない。ドイツでは学生を主に宗教改革三百年を祝い、自由と独立を求める動きがヴァルトブルク城でおこった。この学生団体の旗「黒・赤・金」がドイツ統一のシンボルとなり、現在の国旗の原型になった。メッテルニヒは即座にカルロヴィ・ヴァリで決議を出し学生らの運動を弾圧した。同様な動きはイタリア各地や東欧諸国でも頻発する。

欧州随一の温泉保養地
（カルロヴィ・ヴァリ Karlovy Vary、「独語カールスバート」チェコ）

メッテルニヒの生家　ミュンツ広場（コブレンツ Koblenz、ドイツ）

●七月革命・二月革命とその影響

ウィーン体制は自由主義と民族主義の流れが強まる中でしだいに綻び始めた。大きなきっかけはやはりフランスの動きである。一八三〇年の七月革命でブルボン家の独裁王政は倒された。これを機に隣のベルギーはフランス系住民を中心にオランダから独立した国を成立させた。ドイツでは二年後、外国人も含む自由主義者たちが憲法制定やドイツ国家の統一を目指してフランス国境近くのハンバッハ城で祝宴を張った。もちろんメッテルニヒは警備を厳重にせざるをえない。さて銀行家の支援を受けたフランス新国王だが、選挙法改正に否定的な態度をとったため退位させられた。当時社会主義の影響をうけた労働者の活動によるところが大きい。これが一八四八年の二月革命であり、共和政がうちたてられる。その反乱の余波は全ヨーロッパに広がり、とりわけプロイセンのベルリンとオーストリアのウィーンでは三月革命となって市民蜂起が激しく行われた。同年五月にフランクフルトで統一の方式や憲法制定を議論するため国民議会が開かれた。中心国オーストリアは君主制の維持を主張して会議を離れ、翌年議会が統一ドイツの皇帝に選出したプロイセン王は革命派からの帝冠は受けないと表明した。ドイツ統一の夢は敗れ去ったのである。もとよりオーストリア内のハンガリー人やチェコ人の民族解放運動も激しくなった。

イタリア北部ミラノやヴェネツィアでもオーストリアへの反乱は頻発した。フランスでは二月革命後、社会主義を恐れる農民層の支持を得てナポレオンの甥、ナポレオン三世が大統領になり、一八五二年に人民投票で皇帝となった。フランスは産業革命を迎え積極的に海外植民地を築くなど、イギリスに次ぐ国力を充実させた。彼のもとで現在のパリの都市景観が形成された。

自由主義者の祝宴
（ハンバッハ Hambach、ドイツ）

パウロ教会　統一と憲法制定を求める
（フランクフルト Frankfurt、ドイツ）

●イタリア・ドイツの統一

二月革命後にイタリア北西部、トリノを都とするサルデーニャ王国は産業が発展してオーストリアからの支配を脱した。ナポレオン三世の協力を得たことがその理由である。地中海沿岸のニッツァは代償としてフランスに割譲され、現在の有名な保養地ニースとなった。この地出身のガリヴァルディは革命家・軍人として亡命先の南米から帰国後、シチリア島やナポリ周辺を制圧した。イタリア各地に銅像が見られる。サルデーニャの宰相カヴールはこれらガリヴァルディが支配した南イタリア領を譲り受けてイタリア統一を果たした（一八六一年）。初代国王はサルデーニャのヴィットーリオ＝エマヌエーレ二世である。ミラノの大聖堂がある広場にはこの王の名前がつけられている。

ヴィットーリオ＝エマヌエーレ２世像
ドゥオーモ広場（ミラノ Milano、イタリア）

プロイセンはドイツ北部に領地を広げた国で、フリードリヒ二世の時代から強大化した。宰相ビスマルクにより北ドイツ諸国を関税同盟で経済的にまとめた後、オーストリアをフランツ・クラーロヴェー（独語ケーニヒグレーツ）郊外で破ってドイツの枠から閉め出した。ハプスブルク家が統治するオーストリアの支配者たるドイツ人は少数で、ハンガリー人やスラブ系諸民族等を含む国である。他のドイツ諸国から疎んじられるのは一理ある。また南方のドイツ諸国はカトリックの強い保守的な土地柄でオーストリア寄りだから簡単にプロイセンとは合体できない。なかでも伝統国バイエルンを納得させるためビスマルクは国王ルートヴィヒ二世に築城資金を出資したという噂がある。これがドイツ随一の観光名所、ロマンティック街道南端に建つノイシュヴァンシュタイン城である。さらにはナポレオン三世のフランスを破り念願のドイツ統一を果たした。ドイツ軍はまだフランス駐留中なので、ヴェルサイユ宮殿「鏡の間」がそのドイツ帝国成立の儀式会場となった。ドイツはプロイセン国王ヴィルヘルム一世を初代皇帝とし、フランスから多額の賠償金を得、アルザス・ロレーヌ地方を併合して工業化を著しく進めた。なおフランスの復讐を恐れたビスマルクは他国と複雑な同盟関係を結ぶことになった。

プロイセン＝オーストリア戦争の跡地
フラデツ・クラーロヴェー郊外（フルム Chlum、チェコ）

ドイツ統一の版画　馬の右に立つビスマルク
（リューデスハイム Rüdesheim、ドイツ）

第五章　現代

●第一次世界大戦

二十世紀に入ればやはり二つの大戦の悲劇を追わねばならない。ヨーロッパ列強の対立がバルカン半島で爆発したのはオスマン帝国の弱体化で独立を目指す諸民族の紛争の末だろう。一九一四年六月、ボスニア首都サライェヴォの橋のたもとで事件は起こった。セルビア青年プリンツィプがオーストリア（当時の名称オーストリア＝ハンガリー帝国）の皇太子夫妻を殺害した。この六年前より、セルビア人が多く住むボスニアとヘルツェゴビナはオーストリアに併合されていたのである。当事国セルビアとオーストリアの対立はそれぞれ同盟国であったロシアとドイツの関係悪化をもたらした。同様にイギリスやフランス、オスマン帝国なども深く関わることになり、一般国民や海外植民地をも巻き込む人類初の総力戦となった。特にイギリスはアラブ人・ユダヤ人双方の協力を得るため矛盾した対応をとり、両者のパレスティナ問題の原因をつくることになった。

戦争は序盤にドイツ軍の攻勢をロシア・フランス軍が必死に抵抗したため、予想に反して三年以上膠着状態が続いた。なかでもドイツ国境に近いヴェルダンは小高い丘に取り囲まれ、多くの要塞では十ヵ月もの戦闘が続いた。ここからパリ盆地までは何も遮るものがないという軍事拠点ゆえにである。またドイツ側だったイタリアは逆に英仏側についた。一九一七年のアメリカ合衆国の参戦が転機となって連合軍の優位が決定づけられた。同年ロシアは社会主義革命が起こって戦争から離脱し、翌一八年三月にドイツなどと単独講和を結んだ。結局ドイツの降伏は同年十一月、パリ北方コンピエーニュの森の中に引き込まれた客車内で行われた（後にフランスがドイツに降伏したのもここである）。翌年の講和条約締結の場は、因縁のドイツ帝国の成立を祝したヴェルサイユ宮殿「鏡の間」であった。

旧プリンツィプ橋　右端建物の前が暗殺現場である
（サライェヴォ Sarajevo、ボスニア・ヘルツェゴヴィナ）

戦死者記念公園入口に建つ兵士の像（ヴェルダン Verdun、フランス）

休戦条約の跡地　後にヒトラーがフランスを降伏させた
場所でもある（コンピエーニュ Compiègne、フランス）

●大戦間の時代

第一次世界大戦後には民族自決の理念のもと東ヨーロッパに多くの独立国が誕生した。社会主義国ソ連の影響を防ぐ意図があったともいう。またこれら独立国にはドイツ人居住地域が多数含まれた。ドイツには民族自決の権利が与えられなかったのである。そのドイツでは国王のいない共和政が始まり、新たな民主的憲法が古都ヴァイマルで制定された。当時ベルリン市街では左翼による暴動が起こるなど会議を開くことが困難とされていた。英語名はワイマールといい、文豪ゲーテが晩年に活躍した地である。

一九二二年にドイツは、成立直後のソ連を最初に承認した。多額の賠償金を課せられたドイツ、列国からシベリア出兵などで干渉を受けたソ連の両国が、ヴェルサイユ体制のなかで孤立を避けようとジェノヴァ近郊でラパッロ条約を結んだ。そこで英仏両国などはドイツとの関係修復に向かった。ドイツ西部国境沿い、ライン川周辺ラインラントを非武装地帯として再度確認することやドイツを国際連盟に加盟させることなどを約した。その取り決めは一九二五年のロカルノ条約である。出席者にはブリアン（フラン

ゲーテとシラーの像後方、
憲法が制定された国民劇場
（ヴァイマル「英語ワイマール」
Weimar、ドイツ）

ス）、シュトレーゼマン（ドイツ）、オースティン＝チェンバレン（イギリス）のノーベル平和賞を得た三外相がおり、なかでも不戦条約を主導したブリアンは名高い。

一九二九年には金融の中心アメリカ合衆国で株価の大暴落がおきて、ソ連を除く全世界に波及した。この世界恐慌が起きるや、米英仏はブロック経済をとり、輸入を減らして国の資産を守ろうとした。逆に資源や植民地のない国々は軍事攻勢をかけて事態の打開をはかった。ドイツを筆頭とする全体主義国家の台頭であり、その体制をファシズムという。ミュンヘンの観光名所ホーフブロイハウス（元王立醸造所）でナチスの党大会が度々開かれた。ヒトラーに関わるミュンヘン一揆（一九二三）の酒場やミュンヘン会談（一九三八）の党本部の建物は今や実在しない。

条約が締結されたティチーノ州立裁判所
（ロカルノ Locarno、スイス）

ナチス結成　ホーフブロイハウス（元王立醸造所）
（ミュンヘン München、ドイツ）

●第二次世界大戦

ドイツでは、米英仏の意向が強いヴェルサイユ条約への反感が世界恐慌後に高まった。またソ連成立以来しだいに広がる社会主義に対して、資本家、軍部のみならず、多くの人々が警戒する動きも目立ってきた。こうして民族の優越を唱えながら他国を牽制し、国民生活の改善を訴えるナチスに大衆は共鳴した。ナチスは国家社会主義ドイツ労働者党というが、実際社会主義とは無縁で民衆の人気取りのため社会主義的政策を掲げたにすぎない。ヒトラーは一九三三年に首相、三四年に大統領を兼ねた総統となり、軍事的に東方の周辺国・地域に軍事介入を図った。

戦没者慰霊碑　大戦勃発の地　グダニスク郊外
（ヴェステルプラッテ Westerplatte、ポーランド）

一九三五年に国際連盟管理下の西部ザール地方を住民投票で編入、翌年前述ラインラント非武装地帯へ進駐した。さらに一九三八年三月になると、ヒトラーの母国オーストリアを併合し、同年九月のミュンヘン会談ではチェコスロヴァキアのドイツ国境沿い、ズデーテン地方を割譲させるなど勢いが止まらない。そして一九三九年三月にはリトアニアのメーメル地方の編入などを経て、九月、長く領土の

ツェツィーリエンホフ宮殿
首脳会談の会場
（ポツダム Potsdam、ドイツ）

ノルマンディー上陸記念館
（アロマンシュ Arromanches、フランス）

返還を求めていたポーランドのグダニスク（独語ダンツィヒ）周辺の北部地域にドイツ軍艦が侵入した。再び世界大戦の始まりである。これら支配地のうちラインラントはドイツ領だが、他はすべて旧ドイツ領もしくはドイツ人が多数住む地域である。侵略の大きな口実は民族自決によるものであった。

そしてドイツと共にソ連も侵略を始め、ポーランドを守るため英仏の参戦となった。ドイツ軍の進撃が続きイタリアもドイツ側で参戦した。ドイツはフランスを降伏させたがイギリス上陸を果たせず、ソ連との激戦は甚大な被害を出し、列国の猛烈な抵抗で形勢不利となった。一九四四年にアメリカを中心とする連合軍はフランス北部ノルマンディー海岸に上陸し、ドイツ領内へ侵攻するにおよんで運命は決した。一九四五年七～八月にポツダムではドイツの戦後処理が話し合われた。当時のベルリンは壊滅状態で、会議の場は英国風プロイセン皇太子の館が選ばれた。またこのポツダムでソ連の日本への参戦やアメリカの日本への原爆投下も決定されたのである。

●冷戦とヨーロッパの統合

第二次世界大戦後、ヨーロッパは東西冷戦の状況が続いた。東西の境界線を「鉄のカーテン」と英チャーチル首相は表現した。ソ連は東欧諸国に順次共産党独裁体制を樹立させたので、アメリカ合衆国もトルコやギリシャを含む西欧各国に援助を強化していった。敗戦国ドイツは一九四九年に東西それぞれに独立国となり、首都ベルリンも米英仏ソ四ヵ国の占領地区に分かれた。後に米英仏地区は西ベルリンとなるが、東ベルリンとの間で人の移動は可能だった。なお東ベルリンはやがて東ドイツに属するが、西ベルリンは占領状態のままで通貨は同じだが西ドイツの一部ではない。東ドイツ国民の逃亡が増えた結果、一九六一年に東西間には壁が建てられた。先述ポツダムにはソ連軍（東ドイツ）が、その東側に接する西ベルリンには米軍が駐留したので冷戦の最前線となった。一九八〇年代にはソ連・ゴルバチョフ政権が改革を進めると東欧各国の社会主義体制がくずれ、一九八九年九月にハンガリー西部国境が開放され、東ドイツの若者がオーストリアへ逃れた。十一月にはベルリンの壁も崩壊して、翌年ドイツは統一された。一九九一年にはソ連が消滅するという激動が続いた。

後に西欧各国は米ソや日本に対抗すべく経済協力を進めた。長く対立した仏独の協力によって一九六七年にヨーロッパ共同体（ＥＣ）が成立し、冷戦終結後の一九九三年にはヨーロッパ連合（ＥＵ）へと発展した。同時に単一通貨ユーロを導入したＥＵは政治的にも統合を深めた。この

ＥＵ創設はマーストリヒト条約によるものだ。当時のＥＣではオランダが議長国を務めており、同国最南端にあたるこの都市が近隣諸国との国境に近く、適当と判断されたからである。東欧各国も大半の国がＥＵ加盟を果たした。ただ二十一世紀になりギリシャなど南欧諸国の財政危機で南北の結束がゆらぎ、果ては中東情勢の悪化により、移民・難民の流入でイギリスがＥＵ離脱の混乱に陥った。ＥＵの統合にはブレーキが働き、コロナ禍での移動自粛もあるなか、ヨーロッパの将来にも暗雲が垂れ込めている。

東西を隔てる壁（ベルリン Berlin、ドイツ）

銃殺者慰霊碑　国会議事堂に近い
（ベルリン Berlin、ドイツ）

東ドイツ国民がオーストリアへ脱出した国境　ショプロン郊外
（フェルテーラーコシュ Fertőrákos、ハンガリー）

シューマン広場の EC（現 EU）本部（ブリュッセル Bruxelles、ベルギー）

EU を創設したリンブルフ州庁舎（マーストリヒト Maastricht、オランダ）

コラムとして（都市へのアクセス）２

ここでも首都（一部例外あり）やイタリア有名観光地、国際空港のあるフランクフルト（ドイツ）は除いている。フランスで人口第三の都市リヨンへはパリから直行列車が多数出るが、ＴＧＶ（新幹線）では約二時間、食通の街としてもよく知られている。同国地中海に近いプロヴァンスの地方都市アヴィニョンとニームの中間に水道橋ポン・デュ・ガールがあり両市どちらからでもバスで三十分ほどの距離である。ドイツ最古のトリーアはコンスタンティヌス帝ゆかりの地である。ライン・モーゼル両河川の合流点コブレンツからルクセンブルク方面行の列車に乗り一時間半で直行できる。また名物料理、仔豚の丸焼きで知られるスペインのセゴヴィアへは首都マドリードの西へ新幹線を使うと一時間弱だが、バスなら市街へ直行できる。

スイス交通網の拠点チューリヒより東へ列車で一時間かかるザンクト・ガレンにおかれた修道院はヨーロッパ中の教会組織に影響を与えた。その都市名は僧侶ガルスに由来する。

ドイツの西端、カール大帝が本拠をおき当地の温泉を気に入ったというアーヘンはライン沿岸ケルンからベルギー方面への直通列車で五十分の距離だ。またマグデブルクはザクセン族出自のオットー大帝の本拠とされ、フランクフルトからベルリンへの中継点なのでその途中に寄るとよい。

フランスでりんご酒やクレープの生まれたノルマンディー地方の中心カンは、パリのサン・ラザール駅から北方ルーアンを通過して列車で二時間かかる。現イギリス王室はウィンザー家というが、この古城所在地から取った名で、列車・バスでロンドンから四十分以上を要する。あるいはヒースロー国際空港から一時間弱バスに乗る手もある。

ワインで知られるフランス・ブルゴーニュ地方の中心都市ディジョンを経由して南下し小都市マコンで下車、バスで北部へ向かうと三十分で寒村クリュニーに着く。パリからだと二時間弱の距離である。またイタリア中部、交通網の拠点ボローニャより南のパルマ、もしくはそのやや南のレッジオ・エミリアへ行きタクシーを利用すればカノッサ城へ行ける。なお市街を出ればほとんど山道なので距離の割には意外と時間を要する。仮に千年前の当時大雪が降らなければ教皇はとうにドイツへ入国し破門が確定したとされる。『カノッサ屈辱』は偶然にも気象条件が生んだものである。

フランス中部、中央高地のクレルモン・フェランへはパリより南方へ直通列車で約三時間半ほどかかる。自動車のタイヤ生産から旅行会社も経営するほど発展したミシュランの本社がある都市でもある。

ベルギーのブリュージュは首都ブリュッセルの西方へ列車で三十分、ドイツのリューベックは大都市ハンブルクより北へ三十分の距離だ。同ネルトリンゲンはロマンティック街道沿いでローテンブルクとアウクスブルクの中間に位置しバスの他に列車の便もある。ちなみにロマンティック街道というのはローマに通じる道という意味である。バルト三国の中央に位置するリガ（ラトヴィア首都）へは空路が一般的だが、周辺国からバスが利用できる。フランス南部カルカッソンヌはパリから列車で拠点都市トゥールーズを経由して五時間半ほどかかる。

フランス南部プロヴァンスの主要都市アヴィニョンには童謡の舞台アヴィニョン橋が残る。パリから直通列車で三時間半を要する。前述コンスタンツは、ボーデン湖に注いだライン川が再び湖から流れ出す地点に当たる。飛行機発明者ツェッペリン伯の生地である。

ワールシュタット（レグニツキエ・ポレ）へはポーランド南部の主要都市ヴロツワフより西へ四十分ほどのレグニツァが拠点となる。郊外の寒村なのでタクシーしか手段はまずない。

フランスのオルレアンへは普通列車でパリから南へ一時間十分、ルーアンへは西北へ一時間半ほど、普通列車でも東北シャンパーニュ地方の古都ランスへは四十分で直行できる。

ナチスの裁判で知られるニュルンベルクはフランクフルトから列車で東へ一時間二十分の位置にある。またドイツ東方植民で知られるマリエンブルク城は「連帯」で有名な造船所のあるポーランドのグダニスクより列車で北東へ四十分のマルボルクという町にある。

アルハンブラ宮殿が建ち、イサベルとコロンブスの会見が行われたスペインのグラナダへはマドリードより新幹線で一時間ちょっとの行程だ。ヴァスコ・ダ・ガマらの発見記念碑があるリスボン（ポルトガル首都）へは航空機以外にマドリードから直通の夜行列車でも行ける。ベルギーのアントウェルペンへは首都ブリュッセルから列車で北へ四十分の距離、「フランダースの犬」の舞台で有名である。

フランスのルネサンス式古城はシュノンソー以外にも多数ありパリから観光バスが便利だが、

時間をとって散策したい方にはトゥールか先述オルレアン（両市とも列車で一時間ほど）を拠点に小規模のツアーに参加するかレンタカー利用が便利である。ドイツの古都、ライン河畔のマインツは七選帝侯の筆頭である司教が治めた都市で、フランクフルト空港駅からたった二十分で着くから抜群の立地条件といえる。

ドイツに残るルター関連の場所はやや馴染が薄い。ライプツィヒより列車で南へ五十分でヴィッテンベルク、フランクフルトよりライン沿いに南へ一時間でヴォルムス、東へ一時間四十分でヴァルトブルク城が建つアイゼナハへ着く。シュマルカルデンはそのアイゼナハより支線で南へ一時間の距離だ。アウクスブルクはロマンティック街道最大の都市でミュンヘンから新幹線で北へ三十分で着く。イタリア最北部に近いトレントは元ドイツの領地で列車ではミラノよりヴェローナ経由三時間以上かかるが、ヴェネツィアからは一時間半を見ておこう。

フェリペ二世の離宮があるエル・エスコリアルはマドリードより列車で西へ三十分の距離であり、父カルロス一世（ドイツ皇帝カール五世と同一人物）とフェリペの遺体が眠り見学者も多い、鉄道網の拠点にあたるユトレヒトはオランダのど真ん中、首都アムステルダムから列車で三十分ちょっとである。また画家フェルメールや国際法の父グロティウスの故郷デルフトへは首都から一時間かかる。

エディンバラはスコットランドの中心で空港もあるが、列車ではロンドンから直通列車で四時間半かかる。フランスのナントへはパリより列車で西へ二時間十分の行程である。

ドイツのポツダムはベルリンから列車かバスのどちらでも三十分あれば到着可能だ。ヘヒンゲ

コラムとして（都市へのアクセス）2

ンにはプロイセン王家の居城ホーエンツォレルン城があり、テュービンゲンから列車で南へ三十分ほどである。駅からはバスの便は少なく、タクシーに頼らざるをえない。ミュンスターは大学都市で知られ、ケルンから列車で二時間弱かかる。

フランス北東部のヴァレンヌ・ヴァルミーとも交通の便はきわめて悪く、シャンパーニュ州都シャロンかロレーヌ地方のヴェルダンでタクシーをつかまえるといいだろう。ドイツのピルニッツは古都ドレスデンより東へバスかエルベ川を船で進めば一時間半ぐらいで着く。

一八〇四年オーストリア・ロシア軍と戦ったスラフコフ「独語アウステルリッツ」はチェコのブルノの東へ一時間、さらに実際の戦場プラツェにはタクシーで向かおう。その講和条約は独語でプレスブルク、現スロヴァキア首都のブラティスラヴァで結ばれた。ここは空港もあるがウィーンからバスに乗ればドナウを越えて一時間で着く。ドイツのレーゲンスブルクへは特急でミュンヘンから一時間、ニュルンベルクから一時間かかる。さらに一八〇七年にナポレオンがプロイセン・ロシアと講和したソヴィエツク「独語ティルジット」はロシアの飛び地カリーニングラードから北へ三時間も要する。川の北側対岸はリトアニア領になる。一八一三年連合軍に敗れたライプツィヒはベルリンより南へ二時間、そして最後の戦いワーテルローはブリュッセルより南東郊外へバスで四十分の距離である。

ドイツのコブレンツは前述ライン川とモーゼル川の交差点、フランクフルトから特急で一時間半の距離である。チェコのカルロヴィ・ヴァリへはプラハより列車では四時間前後、バスの方が便利で二時間半ぐらいだ。

ドイツのハンバッハはフランクフルトから列車で南方マンハイム経由でノイシュタット（ワイン街道）へ二時間かけ、バスに乗り換える。

フルムへはチェコのプラハから北東へ列車でフラデツ・クラーロヴェー「独語ケーニヒグレーツ」へ行きタクシーを探そう。私は二時間後に迎えに来てくれと頼んだ覚えがある。リューデスハイムへはライン下りの遊覧で知られマインツから船で一時間半ほど、鉄道ならフランクフルトからヴィースバーデンを経由する支線で一時間十分かかる。

バルカン半島のサライェヴォへは近隣国から航空機の便もあるが、ベオグラード（セルビア）かザグレブ（クロアチア）から直通の列車がある。またバスの路線網の方が多く、安全で料金も安いようだ。ヴェルダンへはパリより列車で東へ二時間かかり、周囲に多くの塹壕の跡が見られる。コンピエーニュへはパリより北へ四十分乗り、駅からタクシーで郊外の休戦条約の跡地へ向かうのがよい。

ワイマールへはベルリンから列車で南西のライプツィヒ経由、三時間弱、フランクフルトからも二時間かかる。このライプツィヒ・ワイマール・フランクフルトをゲーテ街道という。それぞれこの文豪の留学地の一つ・後年政治活動した地・生地を結ぶからである。ロカルノはアルプスの南側、イタリア国境に近い温暖な保養地でチューリヒからベリンツォーナ乗り換えで二時間半をみておこう。

グダニスク（ポーランド）の中心からバスで北へ三十分乗るとヴェステルプラッテというバルト海の要塞に着く。アロマンシュはノルマンンディーの主要都市バイユーからバスで北上し三十

コラムとして（都市へのアクセス）２

分弱かかる。

フェルテーラーコシュはハンガリー西端ショプロン郊外でバスで四十分だが、開放された国境へはタクシーを頼むか二時間以上ひたすら歩くしかない。オランダのマーストリヒトは首都アムステルダムから直通列車で南へ二時間半だが、ベルギーのブリュッセルからは一時間四十分、ドイツのケルンからだと二時間少々の距離にある。

雑感　黒土の穀倉地、歴史は酷そう

（二〇一〇年八月）

リノック広場（リヴィウ）

二〇一〇年夏の一日だけ、旧ソ連での主要国の一つだったウクライナに入国してみた。今まで必要だった査証（ヴィザ）も短期間なら要らなくなったことが何より安心感がある。今度の目的地へはどんなルートで向かおうか思案した結果、毎晩発車するブダペスト（ハンガリー）発の夜行列車を利用することにした。他の列車に乗ると何度か乗り換えるため意外と時間もかかるからだ。なおこの列車ティサ号の終着駅はモスクワとなる。予約した私の寝るベッドはあいにく上段にあり側にはハシゴもなく、冗談ぬきで昇り降りが面倒である。また窓はほとんど開かない（開けられない）ので正直とても暑苦しい。発車後しばらく経ってエアコンがやっと効く。しかしその後でも燃料費の節約のためか、それとも温度が下がる深夜という事情なのか何度か冷房を切られる有様だ。元社会主義国を経由する国際列車とはこんなものかと観念せざるをえない。また車掌や同室のウクライナ人とは予想どおり話が全然通じない。列車はなぜかたびたび長時間停車するし、やっと動き出してもスピード感を欠いていて、とても快適とは言い難い。もし西側の国ならもっと所要時間を短縮できるはずだと嘆きつつ、眠い目をこすりながらどうにか早朝には国境でのウクライナへの入国審査を終える。ロシアほどではないが停車時間は相当長くなる。大抵東欧では周りに必ず時間のかかる人間がいて係官のチェックが簡単に終わらず、当然列車は動かない。ヴィザが必要な国籍を持つ乗客がいると結構厳しく所持品やパスポートの履歴欄を調べているのだろうか？　世界中どこへでも自由に行ける日本人に生まれた幸運を感謝する一瞬である。どうやら下段の高齢の女性は故郷に帰る様子らしい。真夏のこの時期、国外に住むウクライナ人も久しぶりに親族との再会を楽しみにしているのだろう。同伴の孫らしき子供に尋ねても日本という国すらも知らないようだ。列車はカルパチア山麓を過ぎ、大平原をゆっくりと走る。家屋の数もまばらで、自然の豊かさよりも生活の貧しさが伺える。旧ソ連の西の辺境に当たるということは、政府も積極的に開発を進めなかったのだろうか。西側諸国の情報が入りやすい地域には過敏な神経を払った可能性はある。先の女性と子どもは途中駅で下車したが、同駅で別のウクライナ女性が乗ってきたので結局下の段には降りられない。やがて目的地が近づき、ウクライナはハンガリーとは時差が一時間あるので時計の針を先に進める。

やっとのこと列車は定刻よりやや遅れて目的地リヴィウの駅舎に滑り込んだ。思ったよりも巨大な構内である。他のヨーロッパの駅と比べるとほとんどの電灯の照度がやや低いようだ。うっ、暗いな。ウクライナ語もロシア語と同様にキリル文字を使う。当然表示板に戸惑うが、緊張気味のなか多くの人々の後に付いてホーム下の階段を降り、出口の方角に歩を進める。私が数多く回ったハプスブルク家領有地のなかで、最も東に当たる地域が現在のウクライナの国土に属する。この国についてはヨーロッパに詳しい人でもせいぜい首都キエフか保養地のオデッサ（『戦艦ポチョムキン』の階段）、ヤルタ（一九四五年二月の厳寒期、米英ソの会談）、セヴァストポリ（ナイチンゲールの救護活動で有名なクリミア戦争の舞台、二〇一四年春からロシアの実効支配下）ぐらいしか地名が思い浮かばないだろう。他にも未曾有の事故を起した原子力発電所のあるチェルノブイリもウクライナ領の北外れに当たり、後日には東部のドネツクなども知られてきた。

この地リヴィウ（ЛЬВІВ）（ラテン文字ではLvivと綴る）はもちろん母国語（ウクライナ語）での呼び名である。現在大部分のウクライナ国土はロシア人の支配をうけ、移住したロシア人とも長い歴史を共有し同じ東スラヴ族の隣人として切っても切れない間柄である。しかしこの地方の過去を調べていくと、ロシアの勢力下におかれたのは、第二次世界大戦後のソ連時代に当たる四六年間だけなのである。それだけに反露感情は根強いものがあり、EU寄りの姿勢が明白なのは歴史の必然性でもある。まさにリヴィウがウクライナにとり「西方への窓」といわれる由縁である。現実には実現しなかったけれども、有名なアメリカの大衆雑誌『ニューズウィーク』の一九九〇年一一号には、ウクライナの西半分が二十一世紀初め旧ソ連から独立している予測地図が掲載されたほどである。おりしも二〇一四年二月下旬にはロシア寄りのウクライナ大統領が拘束されてこの国が内戦に近い状態に陥ったことは記憶に新しい。

リヴィウにはリヴォフ（ロシア語　ЛЬВОВ、ラテン文字ではLvov）やルヴォフ（ポーランド語Lwow）、さらにはレンベルク（ドイツ語　Lemberg）という表記もあり単なるウクライナの一都市というには想像を絶する複雑極まりない歴史が秘められていることになる。この国の最西端をガリツィア地方といい、中心都市がリヴィウとなる。私の頭の中ではいつの間にか、異邦人の群がる悲運を背負うヨーロッパという印象が日々増していった。近代以降、仏独の葛藤が繰り返された地下資源豊富なアルザス地方の民族問題なども、この地域に比べれば取るに足りないという感を強くする。

駅の構内ではすぐに両替をする。財布にはハンガリーの通貨フォリントがかなり残っていたので今回全部使い切れないから、カウンターで差し出してみる。すると横に手を振られ、受け取ってくれない。両替所上方の掲示板には外国通貨の名が表示されていて確かにフォリントの字はない『どういうことだ、ハンガリーは国境を接する隣国ではないか、この国の西端はハンガリー領だった時期もあるのに！　同じ隣国のスロヴァキアやルーマニア、モルドバの通貨などもなかったようだ』。もちろん主要国の通貨、米ドル、ユーロ、英ポンド、露ルーブル、中国元などは交換可能である。実際ユーロは所持しているものの、ハンガリーに毎年来るわけではないから今余っているフォリントを沢山替えたいのが私の〝フォンリト（本意と）〟いうことだ。どこかで替えられないのか、焦燥感が募る。ちょうどそのとき私のところに一人の男性が近づいてきた。多分どの通貨かと聞いてきたので答えるや、うなずいて金額を確かめる。彼は電卓を見せて直に計算しこの金額でいいかと確認してきた。もちろん多少レートが悪くても替えてくれた方がいいに決まっているからひとまずはこれで安心である。とにかく当地の現金がないことには旅が始まらない。この両替商はもしやウクライナ政府から公認を得て働いているのであろうか。近隣の外国人からしても当然こういう人もいてくれないと困るわけだ。現在ユーロが普及し両替の機会が減った西欧ではあまり目にすることのない光景である。手に入れたフリヴナ（ウクライナ通貨）を出してまずは売店で水を買い一息つく。『後日ハンガリーに戻った時残ったフリヴナを渡す時にも両替所で拒否され、近くにいた他人の世話になるというまったく同じ過程が繰り返される。国同士で考えると両替の手間は平等となるのか？』次には帰りの列車の予約をするが、英語を話す職員のカウンターは二番だから（外国人は）そこへ並べと指示される。さっそく日付けと行き先、人数、列車の等級などを書いた紙片を渡す。切符を手にすると出発時刻（ウクライナ時間）が表示されているが、念のため口頭で確認する。この後には駅構内と周囲の写真を撮るためにあちこちを歩き回る。さすがにこの国では大都市なだけに相当な雑踏ぶりである。いよいよリヴィウの中心地へ行くことにする。当初は二日間滞在する予定が一日になったため時間も限られているので、遠く離れた旧市街へはタクシーを利用する。外国語が予想以上に通じず自分で行くには面倒に思ったからである。結局何人かと交渉し、安い金額を提示した運転手の車に乗り込んだ。

駅の近辺は通りが広く、周りには労働者大衆の高層住宅が建ち並んで何だかロシアのような雰囲気があり、大柄なスラヴ人達を見ながらタクシーはどんどん進む。だんだんと旧市街に近づくにつれ道が細くなり石畳の通りが増えるので、車両は渋滞気味になる。やっと興味深々のリヴィウの中心、旧市街を代表するリノック広場付近で車を降りる。周囲の建物はまったくオーストリアと同様のたたずまいである。オーストリア以外でもいやというほど目の当たりにしてきた中部ヨーロッパの諸都市が次々と思い浮かぶ。クラコフ（ポーランド）・ブルノ（チェコ）・ショプロン（ハンガリー）・ブラショヴ（ルーマニア）・リュブリャーナ（スロヴェニア）・ザグレブ（クロアチア）・ボルツァーノ（イタリア）等にも通じる懐かしい空気を感じずにはいられない。そしてちょうど目の前の建物には普通のアルファベットで表示された店の看板「Cafe Wien」の文字が

雑感　黒土の穀倉地、歴史は酷そう（二〇一〇年八月）

見える。各種書物に載っているように首都ウィーンを中心とするハプスブルク家の領地であった史実を再認識することができる。リヴィウはこの領地のなかで一時期ウィーンやプラハに次ぐ人口を抱え、予想以上に由緒ある歴史都市といえる。この広場の名前リノック（ルィノク）とは市場という意味で、古来リヴィウの繁栄を象徴する一画になっており、中央には市庁舎が建つ。ゆっくりと四方の建物を眺めながら散策を続け、ベンチに座って休憩をとる。周りの人間をよく観察してみても黒人やイスラーム系らしき姿に出会うこともなく、東洋人も全然見ることはない。ということは、白人だけのヨーロッパの中世時の都市に迷い込んだような錯覚をおこす。建築物にはきめ細かい装飾が施され、格式ある構えを見せている。なかには西暦で建設年号が刻まれている家屋もある。広場の四隅にはギリシア神話に出てくる神々のような大きい彫像が立っている。古来交易の中心として利益を独占したリヴィウの富裕商人が本拠をおいた場所、かつ彼らに群がる市民たちの靴音が日常的に鳴り響いた場所なのだろう。市庁舎入口の左右両側にはライオンの座像が置かれている。このライオンは十三世紀にこの都市を築いたガリツィア王の子レヴまたはラテン語のレオに由来するリヴィウのシンボルである。入場するやすぐにウクライナ国旗が風にそよぐ屋上へ行くため入場券を買う。長い螺旋階段を昇りきると周囲のパノラマに思わず唸る。四方に森を控え、茶色の屋根の家屋が一面に拡がる市街の様子が一望できる。よく眺めるとゴシック・ルネサンス・バロック・古典派・ロココ・アールヌーヴォーなどさまざまな建築様式で飾られている。まるで市全体が博物館であるかのような街並みには風格が漂う。ちなみにリヴィウは大都市とはいえ、二度の世界大戦でも敵側が中心地を激しく攻撃していなかったので、哀愁を帯びたシティがユネスコの世界遺産に指定されたという事実そのものを知っている人はまだ少ない。明らかに種々雑多な民族のるつぼといえるのか、カトリック（ポーランド・オーストリア人など）、プロテスタント（ドイツ・スロヴァキア人など）、ウクライナ正教、アルメニア教会（これら全部キリスト教の宗派）に加えてシナゴーグ（ユダヤ教）も点在するなど市の隅々にまで多くの教会の尖塔が伸びている。各民族の誇りであるこれらの施設はリヴィウ市街を彩って、都市の景観にアクセントをあたえる重要な要素となっている。なおアルメニア教会が複数存在するが、聞き慣れない名前である。アルメニアとはキリスト教を史上最初に国教とした国でカスピ海と黒海の間にあるコーカサス地方の内陸国である。以前冬季五輪を開いたソチにも近い。本国人口よりも米国・フランスなど国外に移民が多いとされる。その昔イスラーム教徒の迫害により国民の多くがこのガリツィア地方へ多数移住したようだ。リノック広場の北には尖塔が目立つ十四世紀からのアルメニア教会があり、内部のフレスコ画とモザイク画などに特徴がある。中庭に入ると何やら中近東を思わせるようなさびれた雰囲気である。西欧のキリスト教会にはない原始的な神秘さが漂っているようだ。十八世紀末のフランス革命を経てヨーロッパの各地には民族国家が次々と成立する。第一次大戦後には民族自決の理念から多くのヨーロッパの中小民族も独立国をもつようになる（ロシアや中国は現在も多民族を支配している）。しかるに十八世紀以前の時代は国のどこにどんな民族がいようと、どんな言語が話されようと、どんな宗教が信仰されようと時の支配者が深く関わることはなかった。

雑感　黒土の穀倉地、歴史は酷そう（二〇一〇年八月）

長いこと立ち続けた塔から降りて広場を離れ、英語の表示がある近くのネットカフェに入る。日本でも入店したことがなかったし特に好奇心があったわけでもない。さりとて特別にコーヒーを飲むとかパソコンをいじるつもりもなく、疲れて居眠りをするためでもない。その理由は中央郵便局で聞いたところ国際電話ならここでかけてみろと言われたからだ。結果は、いとも簡単に日本へ通じたので驚いた。今まで海外からこんなに早く、しかも安く連絡できたのは滅多にないことだった。その後いくつかの教会や武器博物館なども見学しつつひたすら歩き回る。この日の昼食は世界最大手のハンバーガーチェーンだが外はかなり暑いため、多くの客が冷房の効いた室内で涼んでいるようだ。外国語の通じにくい国柄だけにファストフード店なら絶対に時間を要しないだろうと考えた。昼過ぎで大変混んでおり二階に上がるがあちこちに雑多なグループや個人客が座っている。アジア人としては地元民衆に見つめられる、やはり緊張の一瞬である。この店は世界中にあるから世界のどこからどんな人間が来ても不思議ではないだろうと民衆に主張してみたくもなる。客席には杖を携えた中高年もいたり、ベビーカーに幼児を寝かせて片手はパソコンのキーボードに向かっている主婦もいる。会話や読書をする人々の他にも携帯電話やゲーム機などに夢中になっている若者も目立つ。現在では世界中でこういう光景はごく普通なのであろう。ヨーロッパ中世の雰囲気を執拗に求めてさ迷い続ける私も、ここでは現実の世界に引き戻される。この店の窓から見える通りの向こう側にはオペラ劇場が建っている。実は世界有数の伝統を持つ劇場であるらしく、バロック様式で正面の壁面には彫刻がちりばめられた建造物である。ウィーンのそれと比較してもまったく遜色がない。さすがはハプスブルク帝国有数の都市であったことを思い起こさせる。劇場の前の広場は渋谷のハチ公前の如く民衆であふれ、人間以上にものすごい数のハトが群がっている。劇場前のこの通りをスヴァボーディ（自由）大通りというが、プラハ（チェコ）のヴァーツラフ広場ほど広くないが雰囲気が似ている。この車道の上下線の間には色鮮やかな花壇が設けられている。大通りがリノック広場から南に伸びる道と交差する近くにはウクライナの詩人タラス＝シェフチェンコの彫像とその脇に意味のわからないオブジェの両方共が真っ黒で異様な情景を呈している。ここはソ連時代、レーニン像が立っていた場所である。この詩人は農奴の家に生まれた貧民であり後に絵画を学んだという。さらにはウクライナ語で詩を書き、ロシアに対する民族運動に多大な影響をあたえたとされる祖国の英雄である。再び広場に戻るが、東側には十六世紀に建てられた多くの博物館が軒を並べている。そのなかで外観が黒ずんだルネサンス風の建物に入ってみる。建物には白い彫像が飾られて多少なりとも人々が出入りしているので興味を持ったためである。ここはリヴィウ歴史博物館といい、館内表示はウクライナ語表記が大部分で私には理解不能な文章が多いが、写真も多数展示されているので西暦の年号と照らしていくとある程度戦争に関わる部分については想像がつく。例えば前述ユダヤ人がナチスの虐殺を受けたことなどはことさら注目をひく。通常ポーランド人が自国に多く住むユダヤ人とともにドイツ人から被害をうけたというのが定説である。しかしリヴィウに住むユダヤ人は多数派のポーランド系住民から抹殺されていたという。ここでは強制収容所をつくるまでもなく街のあちこちで惨劇がくりひろげられたわけだ。改めてホロコーストをめぐる深刻なヨーロッパ人の人種差別についての想いを痛感する。十八世紀末ポーランドは三分割されたため、ガ

雑感　黒土の穀倉地、歴史は酷そう（二〇一〇年八月）

リツィアはオーストリア領に編入される。十九世紀以降ロシアの圧力が増し革命勃発で第一次大戦離脱を欲するロシアは一九一八年にブレスト＝リトフスク条約でドイツにこの肥沃なウクライナを割譲した。また第二次大戦後スターリンが穀物を強制的に挑発して多くの餓死者を出すなど、独立国となった現在もなおロシアへの嫌悪感が強い。つまりウクライナ人のみで構成された国家は歴史上一度も存在しなかったのである。ほぼ単一民族で構成される極東の島国の人間からは、国とは一体何なのかということを改めて自問せざるをえない。

博物館を出ると広場の特設ステージでは地元のボランティアらしき団体が主宰する合唱コンサートが開かれていた。夏季にはとりわけ一般民衆の集う旧市街で頻繁に演奏が聞こえてくるのは、いかにもヨーロッパらしい光景である。無料で気軽に音楽を楽しむ土壌が昔から根づいている。つまり芸術に理解が深い国民意識が土台にあるためで、東欧では特に芸術家・文筆家が政治家になる例も時々見られる。夕方近くになり列車に乗る時間が多少気にかかってきた（時差があり心配なので念のため一時間ちょっと前には駅にいたい）ので中央駅までタクシーを拾うが、運転手には簡単な英語すら通じない。単語『レイルウェイ・ステーション』すら伝わらない（他に独・仏・伊・西・ポーランド語もすべてダメ。ロシア語はそのとき頭に浮かばず）。ウクライナ語で説明されても全然わからないが、ふと運よくうまい伝達方法を思いついた。いつもの習慣で気に入った絵葉書を買っているが、中央駅を写したものもありそれを見せて事なきを得る。駅周辺で地元の商品等を観察して列車に乗る。つかの間の慌ただしい歴史都市の情景を反芻する。カルパチア山脈の裾野がゆっくりと暮れていく。

雑感　トルコと歩むヨーロッパ（二〇一二年八月）

アレクサンダル・ネフスキー寺院（ソフィア）

二〇一二年夏、久々にバルカン半島へ出かけた。最初の目的国はブルガリアである。おそらく日本人の大半はヨーグルトを思い浮かべると思うが、伝統的な農業国だけに実際乳製品の生産で知られ、料理にもいろいろ利用される。元々トルコ系遊牧民のブルガル人（鋤《すき》を持つ人）が先住のスラヴ民族と混血して成立した国である。このバルカン半島はトルコの支配が長く続いたため民主主義が定着せず発展が遅れた。このためヨーロッパでは生活レベルもやや低く、似た名前の「ブルガリ」（イタリアを代表する世界的高級宝飾ブランド）のイメージにはなじまない。それでもＥＵ（欧州連合）に加盟してから五年以上が経ち、社会資本の整備がしだいに進んだこの国へも観光客の姿が目立って増えてきた。何度か旧ソ連の市街地を回り出した私にとりキリル文字（ロシア語など）を使うこの国への不安感も年々薄れつつあった。古代ローマの遺跡を擁し中世ヨーロッパの雰囲気漂う観光都市に魅了され、足を運ぶ決断をした。金銭的にはロシア経由の方が安いのだが、空港の乗り継ぎなど面倒な点もあり、過去何度も利用したパリを経由して首都ソフィアへ飛ぶことにする。空港の出口では若干のユーロをレフ（ブルガリア通貨）に両替してバスで市内に向かう。ところが中心らしき市街に入ってから停留所がよくわからず大学近くで降りようとするが、周囲の乗客たちに「ユニバーシティ」が通じず焦る。繁華街に近づきバスが停まったので、一瞬運転手に指で方角を示し「アレクサンダル・ネフスキー?」（この都市で最も有名な寺院名）と伝えるとうなずいたので降車する。さっそく地図を広げて街路の表示と照らし合わせながら中心部へ進む道を考え込む。でもなかなか把握できず大きな交差点付近をあちこちと動き回る。そんな時にある男女の若者に英語で声をかけられて事情を説明する。しばらくして彼らからホテルを決めるまで何でも手伝うからと言われたのである（一人旅では多々失意も経験するが時折こういう幸運も巡ってくる）。好意に甘えて彼らに付いていくが、地下鉄を一区間のみ移動する。その間にもさまざまな話が続く。彼らは大学卒業後間もないようで知的好奇心が強く、意外と日本のことも知っている。外国人とも自然に触れ合える積極的な国民性を感じずにはいられない。あちらの若者の一部は単に英語が話せるだけではなく、見知らぬ他者を援助する奉仕の精神を持つなど感心するばかりである。中心部へ向かう途中、彼らに市内の名所案内をしてもらったので翌日の散策が効率よくなったことはいうまでもない。ついでにブルガリア国内各地の見どころや乗り物などについても情報収集させてもらう。ちなみに二人とも仕事を持ちながら現在同棲している様子である（日本と違い結婚前に長く住んでから籍を入れる例が多い）。この女性は地元のブルガリア人、男性の方はオランダ人で大学では歴史を学びドイツ語も旨く約一年程前から滞在しているという。駅に程近い辺りに来るとホテルも多くあり、ＥＵ各国からの客の便宜を考えてかほとんどユーロ建てで表示されている。ある中級ホテルを決めてチェックイン後に彼らに感謝して別れる。

翌日はソフィア Софйя（Sofia）の市内観光となるが、個人旅行者の私には合間を見てやるべきことがある。まず次の目的地へのバス出発時刻の確認と乗車券の購入、翌日か翌々日に希望する世界遺産の僧院へ行くべき手段の決定（路線バスか観光ツアーかタクシーか）、またセルビアへの夜行列車か夜行国際バスの乗車券購入などである。駅とバスターミナルは隣接しており、その間に多くの旅行会社のオフィスがあるのでできることをどんどん済ませていこうと考えた。さらにユーロでは支払えない支出金額の目安をたてながらブルガリア通貨への両替も必要になる。まずは目抜き通りのマリア・ルイザ通りを南下してセントラル・ハリまで出向く。この建物は何とも古い駅舎らしい石造りの重厚な外観を見せている。中に入ると味気ないプレハブ調のいかにも庶民的なショッピングモールである。食料品・雑貨・土産品などの小さな店舗が百三十程も並ぶ二階建ての空間であり、同じく元社会主義国家のポーランドやハンガリーにも通じる雑然とした雰囲気に包まれている。二十世紀の初めに完成し、二〇〇〇年には改築され開放的な市場として多くの市民・旅行者を集める。ブルガリアの市民生活を知るには格好の場所で、食材の種類や軽食堂のメニューなどに気をとられながら店を見て回る。この建物裏にはシナゴーグ（ユダヤ教会）が建っている。こちらも大規模な施設でヨーロッパ各地にある縞模様の厳かな様相である。セントラル・ハリに面する道の反対側はイスラーム寺院バーニャ・バシモスクだ。オスマン朝全盛時代の十六世紀から続く施設として知られ、高い尖塔と丸いドーム型の屋根を持ち市内でもひときわ目をひく。バーニャは風呂の意味だが隣の施設は温泉施設（現在閉鎖中）であり、その裏の水飲み場付近は、飲用の温泉を汲むため大きなペットボトルを抱えた市民たちでにぎわっている。南のツムというデパートのさらに南には地下道から屋根だけ地表に突き出ている聖ペトカ地下教会が建つ。その東側、旧共産党本部ビルの地下にもセルディカ（ソフィアのローマ時代における名称）の遺跡が公開されている。地下店舗とともに観光客が足をとめて眺めている。また地下教会の南には伝統あるホテル・シェラトンがある。このホテル裏側に建つローマ時代からの聖ゲオルゲ教会はソフィア最古の建造物という。大都市の中心部にこんなにも多く歴史的建造物が集まっている例は珍しい。どこかの書物にもローマやイスタンブールにも匹敵すると載っていた。ホテル・シェラトン前の交差点には大きな聖ソフィア像が共産党本部に向かって立つ。以前には社会主義国お決まりのレーニン像であった。ホテルのすぐ脇にはブルガリア正教の聖ネデリャ教会が建ち、十九世紀トルコから解放された後に石造りとなり、内部は豪華なイコン（聖壇画）で飾られている。

さて旧共産党本部ビル前のメインストリート、ツァーリ・オズヴォボディテル通りを東へ進むと聖ニコライ・ロシア教会を過ぎ、まもなく三本の旗がなびく国会議事堂まで来る。するとやや奥には巨大なアレクサンダル・ネフスキー寺院の勇姿が現れる。ソフィアへ来てここを訪れない人は絶対いない。それにしても壮大で威圧感あふれる寺院である。バルカン半島のなかでも最大の規模を誇り、周囲は大きな石畳の広場になっていて観光バスも三台停車している。三六〇度どの角度からも光りに輝く表情豊かな写真を撮ることが可能である。高さ六〇メートル、一二の黄金のドームを持ちネオ・ビザンツ様式の豪奢なまばゆい建築物でブルガリア正教を奉じている。十九世紀末にロシア兵士の慰霊を目的としてロシアの建築家により建てられた。ロシア軍がオスマン帝国との戦争で活躍してブルガリアの独立に貢献したことを記念するためだ。内部は五〇〇〇人以上を収容できるほどの広さで、シャンデリアやモザイクの壁画等一見に値する。地下にあるブルガリア中から集められたイコンのコレクションもまた壮麗である。周囲は観光客が多いせいか沢山の露天商が店を広げている。両替商もユーロや米ドル、もちろん日本円等の西側通貨を高く交換すると誘ってくるなど少々物騒な界隈である。ネフスキー寺院のやや東には国立図書館がある。正式名称がキリルとメトディウス図書館といい、この二人（弟と兄）は九世紀のギリシア僧侶の名前で建物の前に銅像が立つほどブルガリア人の誇りである。なぜなら彼らがブルガリア文字の原形をつくったからである。当時スラヴ民族にはまだ文字がなく、彼らの弟子クリメント（ソフィア大学の正式名称にはこの名を冠している）らが原形のグラゴール文字をブルガリアで改良したのが現在のキリル文字となる。この結果ブルガリア語で祈祷が行われるようになり、ブルガリア正教信仰がさかんになる。この正教は文字と共にロシアやセルビアにも普及してスラヴ文化の発展に貢献する。意外と誤解されやすいがロシアの文字を手本としたわけではなく、その逆である。こうしてブルガリアの第一次王国はバルカン半島で最も強大な国家となる。

また国会議事堂の向かい側に建つＳＡＳホテル前の広場には解放者記念像が見える（上に立つのは前述トルコを撃破したロシア皇帝アレクサンダル二世の騎馬像である）。先程のネフスキー寺院の近くは樹木の奥でさほど目立たない聖ソフィア教会がある。市の名の由来になり、五世紀頃東ローマ皇帝ユスティニアヌスが皇女ソフィアのために建てさせた。平たく赤い外観はいたって素朴で地味な印象を受けるが、ブルガリアという辺境の国にはむしろこの教会の方が似つかわしく思える。

午後にはバスターミナルへ戻り、水と軽食を買い込んで土産の品定めをしながら発車時刻を待つ。目的地までは約三時間半もかかる行程だが、ずうっと車窓の風景を見ているとこの国がバルカン山脈を横断する豊かな農業国であることが実感できる。山脈の南は「バラの谷」という一帯があり、香水用のバラ栽培がさかんで、その輸出額は世界一という。山脈の北側は豊かな原野が続き、さほど高くもない山の裾野を時折小さな集落を脇目に見ながら延々と走り続ける。暑い時期でもあり通常は眠くなるのだが、この時だけはなぜか起きていられた。確かこのバスから降りた客とバスに乗った客は併せて三人だけであったと記憶するが、ほとんど貸し切りバスと同様である。そしてようやくその発音が難解な終着地ヴェリコ・タルノヴォ Велико Търново（Veliko Tarnovo）というブルガリア中北部に位置する古都のバスターミナルに降り立つ。どうやら民宿の客引きが待っている様子だが目当てのホテルに泊まるつもりなので接触を避け、素早くリュックを背負ってターミナルの裏側から地図を片手に市街らしき方角に向かい歩き出す。夕方になっても暑いなかマルノ・ポール公園内を通り過ぎる。大きなＥＵの旗が立つ中央の噴水辺りで水浴びをしている子供達を横目に見やりながら、何人かに道を確認しつつ市街地の中心「ブルガリアの母」広場へたどり着いた。市内は長い坂が多くてくたびれる。でも坂がこの都市に最大の魅力を与えている。名前のごとく何やら女神の像が立っているが、ここから至近距離の高層のホテルにチェックインし、エアコンの効いた部屋でしばらく涼む。その後フロントで翌日のソフィアへ戻るバスの情報を得てから散策に出る。坂が多いということは効率よく回らないと年齢のせいか体が消耗する。目抜き通りの様子や遠景写真をとる場所の位置などを確認する意味で数時間歩いてみることにした。さすがにブルガリアきっての観光都市だけにホテルは多い。EUに加盟した後さらに増えたらしい。なお東洋人はほとんど見かけない（昔の支配者トルコ人は広義のアジア人ではあるが）。さすがにここまで来ると日本人には会わないが、現地の人々には片言の日本語を操るなれなれしい観光ガイドもたまにいる。街路沿いのレストランやカフェでは、遅くまで人々の会話が夜空に響いている。ヴァカンスでくつろぐヨーロッパ各国からの旅行者が多く含まれることは容易に想像できる。夕食をホテル近くのレストランでとるが多少西欧に比べ物価は安い方だ。例のヨーグルトも大変種類が多く、プレーンなものを注文してみたが味は日本と比べ特別変わらない。二四時間営業のスーパーマーケットもあるので、手で指さして惣菜なども簡単に頼むことができる。言葉に不自由な旅行者でも利用しやすいのは嬉しい。でもこの暑さは周りを山で囲まれた盆地であることも一因である。バルカン半島は以前から政情不安定で火薬庫といわれたが、真夏の暑さも火薬が爆発したごとく並大抵ではない。日本人でも暑いのだから、西欧からの客人はさらに厳しく感じるのだろう。

ところでヴェリコ・タルノヴォは実をいうとかなり前から書物で知っていた名前である。ブルガリアという国はその昔バルカン半島の大半を占める大国で九世紀頃にキリスト教に帰依し、当時カール大帝が治めた直後のフランク王国と並ぶほどであった『第一次帝国』。後にビザンツ（東

雑感　トルコと歩むヨーロッパ（二〇一二年八月）

ローマ）帝国に滅ぼされたが、十二世紀には再び帝国が復活する『第二次帝国』。二〇〇年ほど栄えた後、オスマン帝国により支配下におかれる。この二次帝国はバルカン半島の全域を支配するのだが、その首都になったのがタルノヴォで、ヴェネツィアやイスタンブールとの交易でヨーロッパ屈指の都として発展した。ユダヤ人やギリシャ人・トルコ人も多く居住する国際商業都市として華やかな歴史を有している。振り返れば私のヨーロッパ旅行の大半はドイツ人が中世時に住み着いた地域を訪ねているのだが、このバルカン中央部にはトルコの強い影響下でドイツ人はほとんど定着していない（現在では黒海沿岸に来るリゾート客の多くはドイツ人である）。それでも私が関心を抱いたのは、ヤントラ川が蛇行する丘陵上に建つ民家である。険しく切り立った断崖の上には階段状に何層も重なる家屋の屋根が赤褐色で統一されており、外壁は白や黄色が大半である。谷底から見上げるとまるで家が崖にへばりついているというか、家々の上に家々が積み重なっているかに見える。さらには周囲の緑とのコントラスト（対称）もひときわ印象的で、美しい街並が無数にある西欧とはまた雰囲気が異なり忘れ難い想いにかられる。

翌朝には再び市街へと向かう。まずは丘の上の街並みを歩いてみる。道が湾曲しているからいつのまにか目指す方向がよく分からなくなる。ニコラ教会などは素朴で本当に古そうだ。東になおも歩くとゴシック様式の聖処女降臨聖堂が堂々と周囲に存在感を誇示する。近くにはトルコ時代に完成した総督邸があり民族復興期博物館となっている。内部を覗いてみると中世の黄金時代は少なく、おもに十九世紀後半から二十世紀にかけての写真や資料が掲げられている。その大半はブルガリアがオスマン帝国から独立した頃の写真が多い。三階にはこの建物で開かれた独立後最初の国会の様子が再現されている。なお写真はほとんど見たことのないものだが、一枚だけは世界史の教科書で見覚えがある。それは一八七八年のベルリン会議の様子であり、中央に大柄な主催者ビスマルク（ドイツ首相）の姿がある。彼の左側にはアンドラーシ（オーストリア＝ハンガリー外相）、そのまた左にはディズレーリ（イギリス首相）の姿も見える。会議はドイツがロシアの東方進出を警戒するこの両国の立場に配慮しつつ、統一ドイツ帝国が戦争に巻き込まれないよう意図して催されたものである。結局この会議の直前にロシアの後援で独立したブルガリアは領土を削られる羽目になり、この国の歴史においては重大な取り決めとなった。前述「ブルガリアの母」広場の女性像の下にはブルガリア独立を決めたロシア＝トルコ戦争の年号が刻まれている。バルカンの歴史がややこしいのは中小民族どうしがオスマン帝国からの独立をめぐり領土問題で対立し、そこに利権を求めるヨーロッパ列強の覇権争いが深く関係したからである。果てはサライェヴォ事件で第一次世界大戦が勃発してしまうのはご存じのとおりだ。博物館の近くでふと考えたが、まだ体が元気なうちに崖の下方のヤントラ川沿いの様子を見るため道を下ってみる。下流に行くほど素朴な民家が点在している。かなり歩いたが川の側まではまだ遠そうなので諦めて戻ろうとするとその途中で何だか話し声が聞こえる。民家の中で誰かが談笑しているらしい。周りは緑深い自然に囲まれ静寂そのものなのでその声がよく響いてくる。いつまでも響くので気になり、地元のブルガリア語かなと耳をそばだててみると、どうもドイツ語のような響きに聞こえる。ちょっと迷ったがその生活ぶりをつい確かめたくて、窓が開けっぱなしのその家に近づき「ハロー」と声をかける。すると男性五人ほどが居間で寛いでおり、やや驚きながら返答してきた（いきなり東洋人が現れたから当然だろうが）。彼らが話していた言葉はオランダ語で中心的な人物はこの家の主とおぼしきブルガリア人、同席の友人はベルギー人とルクセンブルク人（残り二人は不明）であった。みな二十代後半ぐらいだろうか、物価の安いこの国で休暇を楽しんでいるらしい。私の簡単な紹介をした後、ベルギー人の故郷ヘントやタルノヴォの様子、日本人の休暇などについて話した。失業率の高いヨーロッパの若者たちが質素に過ごしている雰囲気が何となく伝わる。別れぎわにブルガリア人がタルノヴォのカフェで働いているから明日来いと、店の名と住所を書いた紙片を渡してきた。観光名所を見る合間、見聞を広める意味でも予想外の気分転換になった。

その後タルノヴォの名所、ツァレヴェッツの丘へ向かう。三方を川で隔てられ、堅固な城壁と塔で守られている中世そのままの場所である。この丘に『第二次帝国』の王宮がおかれた。頂上には総主教座教会が高くそびえている。途中で入場料を払い門をくぐって丘へ上っていく。至る所に王室の宮殿だった跡地が広がる。掲示板にはブルガリア語と英語の説明文が書かれている。丘の城壁を回りながら下界の眺めを長めに楽しむのは、中世都市に　目が無　いからだ。たまたま写真を撮ってもらったロシア人夫妻はなかなか茶目っ気があり、何枚でも私を撮りたがり日本のことを聞いてくる。教会にも出向き素朴な内部の様子を伺うが、復元された建物だけに特に見るべきものは無い。教会の裏手には劇場を建設するらしく、工事の途中である。夏の一時期には観光開発の進むこの丘全体をライトアップするイベント、「音と光のショー」が催される。市街には建物の壁全体を使ったウォールペインティングも見られ、中世の街の所々で現代の息吹を感じる。近くのカフェで休憩し、写真を撮り続けてホテルに戻る。手荷物を受け取り、外へ出てソフィアへのバスを待つ。このホテルの一階の一角は旅行会社のオフィスであり、目の前はバスの停留所になっているのだ。出発時間が迫りたまたま来たバスの運転手に行き先を尋ねたら、「これはイスタンブールだ」と言われた。なるほどブルガリアのほぼ中央部にいるわけだから、隣国トルコのヨーロッパ地域の外れにある有名な古都までも四時間ぐらいで着いてしまうらしい。実際トルコ人も多く住むタルノヴォとは直通バスも多いようだ。タルノヴォからの帰路では夕方の時間帯ということもあり乗客が頻繁に入れ替わる。ソフィアに戻り一泊めより安めの宿を駅の近くに見つける。再び旅行会社で情報を仕入れようとするが結構混んでいて、順番がなかなか回ってこないので他へ移動する。駅近くは大規模な改修工事が行われ、EU加盟後の都市計画も本格化している。さらには高級ホテルの窓口にも行き、翌日のタクシーの料金を確認して旅行会社のチャーターバスと比較し、料金やソフィアへ戻る時刻などを検討する。迷ったが自分の都合を優先しタクシーの予約をする。隣は幸い電話局なので日本に電話する。通話料は便利な後払いだった。

翌日朝には駅に行き、夜行列車の乗車券を買う。滞在初日に窓口へ行ったら当日の朝にならないと販売できないといわれたからだ。高級ホテルのフロントで予約したタクシーに乗り込み、有名な世界遺産を目指す。リラの僧院Рилски манастир（Rilski manastir）はソフィアから南へおよそ一五〇キロほどであろうか、リラ山脈の奥深くにある。首都の市街を抜けて幹線道路を一路南へ向かう。途中車窓から見るこの国南部（ギリシャに近い）の自然環境だが、草地や森林など緑が少ない。おそらくバルカン山脈辺りと比べても極度に乾燥する大陸性気候のためか、山々は茶色い岩肌を見せている。車は幹線道路を外れてどんどん山の中に入って行く。時折干し草を積んだ馬車にも出合う。山道に入り深い森をどんどん進むといくらかレストランやホテルが現れる。中には農民らしき人々が露店で野菜を売り出している。やはりブルガリア随一の名所があるだけに人出をねらって商売に勤しんでいるのか。およそ二時間弱でリラ山中のうっそうとした森のなか目的地に着くが、僧院手前の駐車場が混んでいたので僧院奥の方まで行くが駐車場の空きがない。遠くの路上に車を置き歩いて僧院へ向かう人々も沢山いる。これでは仕方がないと諦めて再び手前の駐車場に戻り、運転手と帰りの時間を打ち合せ自分だけ歩いて僧院の敷地内に近づく。入場は無料である。中庭に入ると何とも奇抜というか派手な外観の建物が目の前だ。この建物は聖母誕生教会といい、白と黒の横縞模様のアーチをくぐると外壁と天井にはぎっしりと色鮮やかなフレスコ画が描かれている。聖書に関わる場面かと思うが、多くの絵を見ているだけでキリスト信者でなくとも神聖な感覚になる。背後の山々に囲まれる人里離れた修道院で、四つの丸い屋根を備える。十九世紀に大火という不慮の事態があり古い建物は失われたが、十四世紀に建造のフレリョの塔だけは今も残っている。それではリラ僧院の歴史を振り返る。まだブルガリア王国が強大な頃、キリスト教の信仰が広まった時代の十世紀に僧イヴァン＝リルスキーが隠遁するため寺院を建てたのが始まりだ。後にビザンツ（東ローマ）帝国にブルガリアは滅ぼされるが、寺院は民族文化を維持する拠点となる。十四世紀末からのオスマン帝国占領時、さらなる苦難の時代にもブルガリア正教を守るために全国から、いやロシアや近隣諸国の多くの信徒も修業した地であったという。門の正面には歴史博物館があるので見学してみると、宝物館ともいうべき聖書やイコンなどの他に絨緞《じゅうたん》や刺繍を施した衣類などが多く展示されている。駐車場の周りには土産物店が建ち並び、露天商の姿が目立つ。森の中だけに都市と比べ空気も清々しく爽快な気分である。約束の時間が近づき運転手の待つ方角へ向かう。

ソフィアに戻り中心部に進む。途中では前日飛び込んだ旅行会社の女性に挨拶され何かまだ用は無いかと聞かれたりする。食事をすませ再び市街の中心部、例のネフスキー寺院近くを歩く。この日はあまり歩いていないので意欲的に周囲の裏通りにも足を延ばす。たまたま地元の夏祭りだろうか、子供たちがはしゃぎながら出店の傍らを走り回っている。大学のそば、地下の通路に位置する「マクドナルド」は混んでいる。おそらく強い日差しが遮断されるせいだろうか。涼しくなる夕方から民衆が集う姿が目立つようになる。その後には駅に着いて列車の出発を待つ。本数の少ない国際列車はかなり混みあっている。さて私の座席があるコンパートメントにはセルビア人や私の後に乗りこんだスイス国籍のやや浅黒いパキスタン人（インド人だったか？）がいて、激しくいがみ合っている。すべて分からないが若干の言葉から推測してみる。セルビア人たちは「君はなぜジュネーヴに住んでいるのか」（外見からは貧しそうに見える小柄な彼に対し、もしやエリートなのかとやっかんでいる？）と疑問を呈している。またこのスイス人は最初自分の座席番号を見せたのにセルビア人が中に座らせないように邪魔したことが気にさわったらしい。見知らぬ乗客同士の口論には戸惑うばかりである。私は正直にいうと両者ともあまり良い印象が持てず（会話力の限界もあり関わると面倒なので）、話す気力も無く疲れたので何とかして眠りにつく体勢をとる。しばらくして列車はセルビアへと出発する。

雑感　民族問題の狭間にて

（二〇一二年八月）

国連軍の爆撃跡（ベオグラード）

ソフィア発の夜行列車は深夜セルビアに入国した。この後三〇分ほど経ち周りの人間たちが動き出す。そこで先ほどのセルビア人が客室内にインド系スイス人を座らせないようにした理由がわかる。彼らがセルビア南部の都市ニーシュ Ниш（Niš キリスト教を公認したローマ皇帝コンスタンティヌス一世、日本に来たサッカー選手・監督ストイコヴィッチの生地）で降車する際驚いたが、大量の荷物類が隣の客室や彼らの座席の下から次々と運び出されたのである。安い生活物資や上質の製品を隣国で求めるためだろう。今まで社会主義国の国境通過時には何度も見たことのある光景だが、これほど大量に積んでいるとは私にも予想外であった。ニーシュから乗客も一気に減って座席は大変楽になり、眠気でウトウトし始める。列車は北上し早朝、終点の首都ベオグラード Београд（Beograd）の中央駅に着いた。ソフィアの駅舎と比べるとそれほど大きくなさそうである。ここはヨーロッパによく見られる行き止まり式の構造になっている。まずは手元にブルガリア通貨のレフ（通常コインは無理なので紙幣のみ）が少し残っていたので、側の両替所に交換を頼む。ところが「この金は駄目だ！」と拒否され思わず唖然とする。推測どおり英語は全く通じない。なぜなんだと考えて他の両替所でも頼んでみるが、結局ブルガリア通貨はセルビア国内では絶対に両替不可能ということを悟る（しかしセルビア滞在中は諦めていたがこのブルガリア通貨は帰国便の出るパリの空港で替えることができた）。この両替不能の件なのだが、帰国後に

雑感　民族問題の狭間にて（二〇一二年八月）

ある本を再読して合点がいった。実はマケドニア（現在では北マケドニアという独立国である。以前にはセルビアと同じユーゴスラヴィアに属す）の領土に関してセルビアとブルガリアは未だに関係が良くないからである。およそ一〇〇年前の第二次バルカン戦争では旧トルコ領土の帰属先を巡り対立した事実がある。前述したブルガリアの領土が削られたのはこの時である。もし両国の不仲な現状を理解していたら今回の旅行ルートを変更していたかもしれない。仕方なくユーロでディナール（セルビア通貨）を受け取り、目的地までの時間も気になるので朝食もとらず中央駅隣のバスターミナルへと急ぐ。時刻表を見る限りでは圧倒的に鉄道よりも路線・便数共に多いのだ。西欧とは逆に旧東欧ではバスの方が清潔で、長時間部屋に閉鎖されやすい列車より度々停車するためか安全面でも信頼されている。日本とは対照的に出発時刻も列車ほど遅れないという意外な利点もある。さて掲示板には私の目的地が見当たらない。確認するとここではなく、やや北側の公園を過ぎた辺りにある市営のバスターミナルから発車するらしい。移動し事務所で出発時間を聞くが、直通の便がかなり遅いので残念だがタクシーに乗る。運転手もあまり走らない方面だろうと考え、日本で拡大コピーした地図を見せる。途中で国境を越えるが最短距離途中に検問所があるわけでもなく、道路を理解してもらい発車する。

ベオグラードからやや西へと一直線に進む。セルビア北部の田園風景は緑豊かで、ハンガリーやオーストリアと似通っている。乾燥気味のバルカン半島とはいえ、ドナウ川以北のセルビア領はヴォイヴォディナ自治州といわれ、風土的にはヨーロッパ中央部の湿潤地域に含まれる。現在のセルビアのなかでは長いことハプスブルク家の支配下におかれていた。高速道路を外れてから一般国道に入り、幾つかの農村を通り過ぎる。さらに西へ行くと簡素な検問所があり明らかに国境と分かる。ここでは係員がパスポートを確認する程度で時間はかからない。クロアチアへ入国すると道路標識や店の看板などがキリル文字から普通のアルファベットだけとなる。いつものように運転手から情報を探る。セルビアの印象を聞かれるが入国した直後なのであまり気を悪くしないよう無難に答えておく。その後にはやや気になることを質問する。それはコソヴォの問題である。数年前にセルビアから独立して国連の承認も得たものの、今なおセルビアのみならずロシアなど一部の国々から承認されないコソヴォ共和国のことを指す。中世時オスマン帝国に侵略されたセルビア人が故国を去った後、同国南部へアルバニア人が多数移住したことが発端である。ここではセルビア共和国内の「コソヴォ・メトヒャ自治区」として人口の大半を占めるアルバニア人が一定の権利を認められてきた。ところがユーゴスラヴィア解体の結果、国の一体化をすすめるセルビア政府の干渉がおこりコソヴォは独立を果たす。以前アルバニア人への抑圧が問題となったが、セルビア共和国内の自治区でアルバニア人の権限が強まり逆にセルビア人弾圧がおこったともいう。互いに英語力が不足気味で十分に理解はできなかったが、予想どおり運転手はコソヴォを激しく非難してやまない。日本人には当事者同士の主張は大差なく聞こえる。でも日本も独立を承認しているから個人的には疑問をはさむ意を告げる。この点パレスティナやチベット、カタルーニャ、スコットランド等世界中には大国の意思で独立できない地域はいくつもあるのにと同情もする。

そしてやっとドナウ川に臨む都市ヴコヴァル Vukovar（セルビア語 Вуковар 実はクロアチア語とほとんど同じだが、使用文字が違う）に到着した。この辺り一帯はクロアチアのスラヴォニア地方といい、肥沃な土地が広がる穀倉地帯となっている。またヴコヴァルは二十世紀末に起こったユーゴ内戦における最大の悲劇の舞台で、なんと当時の市民の九五%の命が失われたという。独立を目指すクロアチアに対して一九九一年、ユーゴスラヴィア連邦軍（主体はセルビア人からなる）が猛烈な爆撃を加えたという実際の現場なのである。タクシーを降りた辺りの市街地から数分も歩くとドナウ川の岸辺に着く。ここはクロアチアの最東部に程近く、川の対岸はセルビア領となりこちらから集落は見えない。当時のヴコヴァル住民の中ではセルビア人がおよそ三八%位を占めていたらしい。主要民族クロアチア人にしても約四四%というから圧倒的多数ではなく、他民族も多く住む場所だった。市内を流れるヴカ川がドナウに注ぐ一角には十字架の形をした戦没者への慰霊碑が建ち、隣に三本の旗が風になびいている。クロアチア、セルビア、そして旧ユーゴスラヴィアの国旗である。猛暑だけに何隻か舟遊びをしている若者が見える。対岸にもすぐ行けそうな距離であるが検問所がないのでここでの国境越えはできない。分裂前には同じ国だったので頻繁に船が行き交っていたのだろう。川の傍には以前のドイツ系貴族の館であるエルツ城があるが、弾丸の跡だらけの外壁しか残っていない。内戦の様子がひしひしと伝わってくる。川べりを離れまずは銀行でクロアチア通貨クーナの現金を手にする。近くにツーリストインフォメーションがあるが、無料の案内書などは見当たらないので、英語と独語の対訳がある市の案内書、地図、絵葉書を買う。また市のバスターミナルの場所を聞き一旦出向くことにする。そして目的地までの乗車券を手に入れれば市内観光に専念できる。軽く食事をすませた後に市の東へ向かって歩き出す。メインストリート沿いの多くの民家の外壁には銃弾の跡が痛ましく残り、三ヵ月にもおよぶ銃撃戦の悲話を物語る。ドナウ川に近い高台にはフランシスコ修道院が建ち、イタリアの影響が強く及ぶカトリックの様式だ。修道院の先を進むとクロアチア国旗を掲げた巨大な水道塔が眼前にそびえる。この塔の一部分にも被弾の痕跡が見られ当時の戦闘の激しさを生々しく伝えている。以前サライェヴォで見た内戦時の痕跡が記憶に蘇ってくる。時を経てかなり復旧したらしいが、現在ヴコヴァルに住む少数のセルビア人はクロアチア人と十分に和解したのであろうか？　現在でも民族紛争の鎮静化を維持するため国連による査察が続いているという。まだやや空腹であったためバスターミナルの売店で何か食べようと物色するが、食欲をそそるメニューが店先に全然ナーク（なく）がっかりである。この状況はクロアチア通貨（クーナ）では食うなという私への奇妙な警鐘なのであろうか？

午後にはバスで再び国境を越えてセルビア領内に戻る。税関の職員なのだろうか、バスの中へパスポート審査のため乗り込んで来る。このバスの終点はノヴィ・サド Нови Сад（Novi Sad）といい、中央駅の横に位置するバスターミナルへ到着した。ここは相当な広さがあり、クロアチアのみならずハンガリーやルーマニアなど国外へも多くの路線が延びている。ノヴィ・サドとは新しい土地・植民地という意味であり、元々はセルビアの領土ではなかった。余ったクーナをディナールに換え（何度も書くがブルガリア通貨はやっぱりダメ）、セルビア第二の都市の駅前周辺を歩いてみる。するとキオスクらしき街のスタンドに飾られたスポーツ誌の表紙が目に入る。見覚えのある当時男子世界一位『二〇一五年も同様』、セルビアのテニス選手ノバク・ジョコヴィッチの姿だ（ついでに言うと昔世界一位になったユーゴスラヴィア女子選手モニカ・セレシュ「セレス」はノヴィ＝サドの出身でハンガリー系だ）。駅前から続くオスロボジェニャ大通りを進む。市を南北に貫く通りなので両側には商店やカフェ、オフィスなどが並んでいる。中心部へはバスも出ているが、街の雰囲気を味わうためにも歩き始める。多くの教会（大きなシナゴーグ「ユダヤ教会」の黄色の壁が印象的だ）や高層アパート前を抜け、商店街を歩き続けて三〇分、目指すスロヴォダ（自由）広場にたどり着いた。広場に君臨するのは尖塔を備えたカトリックの大聖堂である。人口の多くが信仰するセルビア正教会はこの広場からやや外れた場所にある。広場を市庁舎や劇場などが囲み、四方八方から地元民衆が足早に通り過ぎて行く。中央にはミレティッチの像が立つ。このセルビアの知識人は十八世紀にオスマン帝国衰退後、多民族によるバルカン連邦構想を提案した人物だ。セルビアは近隣民族の先頭に立ちバルカンのリーダーたらんとする意図が昔から強かったのだ。ただセルビアを盟主としたユーゴスラヴィアは瓦解し、セルビア内部からもコソヴォが独立するなど歴史の歯車はセルビアの考えた逆の方向へと進む。その後に広場に面する老舗ホテルに荷物を置き、市街地へと散策に出る。

それにしてもこの都市には異常なまでに教会が多いようだ。ヨーロッパでは当たり前の風景だがよく考えると納得がいく。ノヴィ＝サドを都とするヴォイヴォディナ自治州は第二次大戦前にはハンガリー領であり、セルビア人以外にもハンガリー人、ドイツ人、ルーマニア人、クロアチア人、スロヴァキア人、ユダヤ人、ロマなどの民族が混在していたのである。ここではセルビア人は四割程度しか住んでいない。どうりでさまざまな宗教施設が集まっているわけである。観光案内所の資料を見ると何と二六もの民族が住んでいるという。スロヴォダ広場の大聖堂はハンガリー時代にカトリック住民が多数を占めていた名残なのであろう。十七世紀末ウィーンを防衛したオーストリア将軍オイゲン公はドナウ沿岸のこの地に橋梁を架け、ベオグラード近郊でトルコ軍を打ち破った。ノヴィ・サドが築かれたきっかけはオスマン帝国の迫害を逃れてハンガリー領内に移住したセルビア人が造った自由都市である。ノヴィ・サドの対岸に臨むのはペトロヴァラディン要塞であり、早速下見に出かける。広場からミハイロ・プピン大通りを真っ直ぐ東へ進むとドナウが見えてくる。橋からは右手に要塞の姿をはっきりと臨める。夕暮れが迫りドナウの岸辺に建つその姿は幻想的な夜景である。イルミネーションが輝き始め何となく旅情迫るものがある。スロヴォダ広場のツーリスト・インフォメーションに寄り食事を済ませるが、現地でテイクアウト式のおかず類を注文する際どこでも特にポテトを山盛りにのせてくる傾向がある（要するに西洋人は大食なのである）。喉を潤してから側のホテルに戻る。翌日に旧市街を散策した後にペトロヴァラディン要塞に再び出向く。ここには博物館もあり、何といっても要塞からの眺望には定評がある。川幅の広いドナウがトルコの侵略からヨーロッパを守ったという故事を何となく実感できる。なおノヴィ・サドからドナウを一一キロ程さか上った場所にスレムスキ・カルロヴツィという寒村がある。郊外には葡萄畑の広がるこの地で一六九九年、オーストリアなどキリスト教徒連合軍がトルコと結んだ取り決めを独語読みでカルロヴィッツ条約という。その内容はトルコがハンガリーなど多くのヨーロッパ領土を失ったことである。この結果ロシアを筆頭とするヨーロッパ諸国が東方問題（元トルコ領のバルカン諸国への干渉）を起こす契機となった。ここで世界史上特筆すべきはイスラーム教国が初めてキリスト教徒と対等の立場で交渉を行なったという事実である。バスターミナルに戻り頻繁に出るベオグラード行きに乗る。列車もあるが運賃が安く座席を見つけやすいという理由でバスを選ぶ。セルビア随一の幹線道路を快調に走り、旧市街に入る手前がドナウ川に沿う新市街（ノヴィ・ベオグラード）だ。ここは元々湿地帯であったため住居はなかった場所である。第二次大戦後、多民族国家ユーゴスラヴィアの首都機能の整備拡張にともない、大型開発が進んだ。共産主義者同盟本部や国際会議場、現代美術館、ショッピングセンター、社会主義国家に多い労働者住宅などの高層ビル群が沢山建ち並ぶ。二時間弱で首都に到着しホテルにチェックインする。外に出て観光名所の位置を確認しながら市の北端カレメグダン公園に向かう。夏の夕方なので涼しさも増し、憩いを求める市民で活気にあふれている。

さてベオグラードはセルビアのみならずかつてのユーゴスラヴィア（王国の時代・社会主義連邦の時代・民族紛争後の時代）の都がおかれた。バルカン半島でも有数の大都市で、その歴史もまた非常に古い。ドナウ川にサヴァ川が注ぎ込んだ地点に当たり、北側には大平原がハンガリー・オーストリア方面まで広がる。東にはバルカン半島の山々、西にはアルプスやボスニアの山地が立ちはだかるという天然の要塞を成していた。それゆえ諸民族の垂涎《すいぜん》の的とされ、ギリシャ・ケルト・ローマ・フン・ゴート・スラヴ・ビザンツ（東ローマ）・フランク・ブルガリア・トルコ・ハンガリー・セルビア・オーストリアと支配者はめまぐるしく入れ替わる。とにかく世界中を見渡してもベオグラードほど破壊が繰り返された都市も珍しいだろう。その結果中世以来の文化的遺産が少ないので、旅行者には一見すると北欧かと見間違うような近代的都市にも映る。世界のどんな人が居てもおかしくないベオグラードという都市は正にコスモポリタンの街と呼ぶにふさわしい。さてローマ人は北部国境に位置するこの街の周囲を白い石で城壁を築き、侵略者のスラヴ人が「白い砦（セルビア語読みベオ・グラード）」と呼んだのが地名の由来とされる。セルビアのみならず旧ユーゴスラヴィアの政治・経済・文化の中心地であり、ソフィアよりも首都の存在感を感じる。駅から南東の方角に数分歩くとやや大きな交差点にさしかかり、官庁街となる。この交差点では右手前のビルの壁面を見やる。道路に面した側のかなりの部分に爆撃を受けた跡がそのまま残る。左手のビルもまたよく見れば砲撃されたような箇所があちこちにある。これはユーゴ内戦時におけるNATO（北大西洋条約機構）軍の空爆によるもので、ユーゴスラヴィア連邦軍がコソヴォで民族浄化を行ったことに対する報復なのである。ここから北へ歩き、革命大通りに出て北西へと進む。緑が多く首都の喧騒を忘れるかのように静かな公園が点在している。やがて赤い煉瓦造りの聖マルコ教会が堂々たる姿を見せる。典型的なビザンツ様式のセルビア正教会であり、褐色がかったタイルが大変美しい。この教会の先には後期ルネサンス様式の国会議事堂が建つ。この国会議事堂では第二次大戦後にユーゴスラヴィア連邦人民共和国の建国が宣言され、また一九六一年には米ソの対立から距離をおいたアジア、アフリカなど中立の二五ヵ国が非同盟諸国首脳会議を行なったという。この会議を提案したのが当時のユーゴスラヴィア大統領チトーだったからである。

市の中心テレジェ広場までも間近だ。この周辺には劇場や映画館、博物館などが集中しバスや市電、トロリーバスがひっきりなしに行き交っている。多くのカフェがテラスを出していて渋谷あたりの雑踏を思わせる。このすぐ北の共和国広場に出るや中央にはミハイロ王子（十九世紀トルコの支配を脱し首都をベオグラードに移す）の像が立つ。いわゆるハチ公像の如く民衆が集う場所のようである。この広場からまっすぐ北西に延びるクネズ・ミロシュ通りは夕方から歩行者天国となり、数多くの店が並び露天商も数多く営業している。外国ブランドの店舗も集中し閉店後もウィンドー・ショッピングを楽しむ様子は何ら西ヨーロッパの国と変わりない。私は途中で買った約一〇〇円の焼きとうもろこしをほおばりながら北へと進む。通りの突き当たりは市民の行楽地でもあり前述したカレメグダン公園になっている。市の発祥の地でもある公園の高台からはサヴァ川を臨み、対岸の新市街が見えている。やや北へ向かえばドナウの本流と出合う。現在の城塞を築いたのがハプスブルク家なのでドイツ風の離宮らしき建物も見られ、他にも有名なレオポルド門や勝利者の塔（第一次大戦でのセルビアの勝利を記念する）などを見て歩く。公園内にはオスマン朝の王墓やトルコ風の浴場施設などがある。堀には第一次大戦以降に使用された戦車や大砲なども残されている。また市街の外れなのでモスクの周りでは昔ながらの素朴そうな生活を営むイスラーム教徒の列を成す姿がとりわけ印象的だ。午後にはさらに公園のすぐ南に建つセルビア正教大聖堂の内部をのぞく。近くのリュビツァ（ミハイロ王子の妻）妃の屋敷などを回って共和国広場のやや東側、スカダルリヤという詩人や芸術家たちが多く住む一帯を抜けていく。元々ジプシーの居住地だったとされるが今ではベオグラードの「カルチェ・ラタン」ともいわれるほどである。美しい街路樹が植えられ昔ながらの石畳の坂道が続き、多くのセルビア料理店やカフェ、画廊、土産物店が建ち並んでいる。さらに歩いてスラヴィヤ広場に近づく。近くにはピザの切り売りの店が何軒も見られる。イタリア以外でピザの店をこんなに見るのも珍しい。続いて聖サヴァ教会まで出向く。聖サヴァはセルビア正教でもっとも敬愛されている守護神で、ビザンツ帝国のコンスタンティノープル教会からセルビア正教会を独立させた英雄という。何でも東ヨーロッパにおける正教会としては世界最大の規模というだけあって、周囲への威圧感を際立たせている。この一帯は広い樹木に囲まれ芝生の緑が鮮やかな公園がある。ここはカラジョルジョ公園といい、トルコの圧政に対し蜂起した民族の英雄にちなんで名づけられ、公園の中央に仁王立ちした像がある。どこを見ても家族連れや高齢者がのんびりとくつろいでいる。空港へと向う途中には現在ベオグラードの一部、昔のハプスブルク家領地ゼムン Земун（Zemun）に寄り高台からさびれた街並を見下ろす。この時のタクシーの運転手がつぶやいた声「昔のユーゴの方がよかった。クロアチア人とも仲良くやっていたんだ。」等を想い出す。なおも社会主義国家の名残を感じつつ帰路につく。

雑感　ケルトの心もいじけると

（二〇一三年八月）

「分断を越えた握手」像（ロンドンデリー）

二〇一三年夏にアイルランド島を訪れた。私にとっては久々に見る西欧の地である。この島は紀元前後の頃からゲルマン・ラテン人たちによってヨーロッパ大陸から西へと追われたケルト人が定住した土地である。私にとって興味あることはこのケルト人がヨーロッパ大陸中北部にキリスト教を伝えて中世社会を開花させる契機となったこと、またヴァイキングの襲来以降、隣国イギリスの強い影響下で約八〇〇年間も歴史が翻弄されたことである。結果的にアメリカ合衆国を中心に全世界に広がったアイルランド移民の総数は何と七〇〇〇万人にも上るといわれる。一般的にケルトの世界は文学や民族音楽などで語られることが多く、自然豊かな大地には神話の宿る環境を備えている。歴史上ローマ帝国の支配は及ばなかったもののカトリック信仰の強いヨーロッパの国といえる。現在ではアイルランド共和国という独立した国が成立しているが、島の一部は依然イギリスに属し通称「北アイルランド」と呼んでいる。一般的にはテロ活動の長く続いた土地であり、今も日本人には何だか物騒なイメージが強い。ちょうどこの年六月にイギリス政府が北アイルランドのアーン湖畔でサミット（先進国首脳会議）を開くほど治安が改善されたこともあり、平和が回復した現状や共和国の首都の様子を見ようと出かけた。共和国のほうはとうにユーロも導入しているから旅行者には都合がいい。今回も欧州滞在時間と費用を考えてパリを経由し、まずはアイルランド共和国の首都ダブリンを目指した。近年では訪れていないヨーロッパの島国、また比較的雨が多く気温がそれほど高くない地ということでやや服装や携行品など戸惑い気味である。おまけにこの年の夏には日頃の不摂生もあり、整形外科に通うなど、体調面でも不安を残したままでの出発となる。半ば意地を張るようにだが歴史の旅は執拗なまでに続く。

さてこれから北アイルランドへと向かう強行日程となる。ダブリン空港はパリに比べると何だか空気が澄んで思ったより心地良い。真夏だがまったく暑さを感じず観光するにはうってつけの気候で、欧米各地から旅行者が押し寄せている（先程移民が多いと書いたが、間違いなくその大半は先祖の故郷を訪れるはずだ）。アイルランド各地への長距離バスの便がある停留所へと移動する。空港出口の目の前にあり、表示板を確認し程なく出発する。アイルランドは比較的緯度も高く遅い時間まで明るいので、車窓からは田園と緑深い森に囲まれた自然の姿が見られる。途中よりバスは高速道路に乗り一路北上していく。およそ一時間半ほどで国境を越えるのだが、まったく停車する気配もなく予想外にすんなりとイギリスへ入国する。実際のところこの島のどこにも検問所はなく表面上では英語表記（地方ではアイルランドのゲール語が併記される場所も多い）が普通だから、アイルランド島が分断状態とは全然感じられない。イギリス領に入っても緑の多い自然環境はほとんど同じで、ゆるい丘陵地帯の集落をいくつか過ぎながら大都市へと近づく。工場群が多くなり、港湾施設が目立つ殺風景な市内の道路を複雑に迂回しながら進む。やっと終点のバスターミナルに着いて周りの様子をうかがう。この都市は北アイルランド行政の中心地、ベルファストBelfastという。ターミナルの隣には鉄道駅とショッピングセンターがあり市の中心なので便利だが、ホテル代はどこも高めである。しばらく周辺部を歩いて街の雰囲気を味わう。大英帝国の時代、大半は十八世紀に建造された重厚なバロック建築が並ぶ。他のイギリス都市と同様の趣である。最初の宿はチェックインが深夜になった。貧乏性のせいか費用を浮かせようとして、大学方面まで歩き何軒か問い合わせるがなかなか空いていない。この夏の時期は予想どおり混み合っている。それでも今夜の一泊だけならＯＫといわれた民宿、イギリスやアイルランドに多いＢ＆Ｂ（ベッド・アンド・ブレックファースト）が運よくクロムウェル通りに見つかる。この名の人物は十七世紀のイギリス革命では議会側の首領として活躍し、アイルランド征服を本格的に開始した。ここはイギリス領なので問題ないが、アイルランド本国では最も嫌われている人物である。ともかくも物価は北欧並みでヨーロッパでは最も高い部類に入る。もうユースホステルへ行く年齢でもないからホテル料金については妥協せざるをえない。近くにはレストランや商店、パブ、遊技場なども多く正直に言うと外出したいのだが、体力面に不安もあり翌日に備えて早めに就寝する。長年満喫してきた自由旅行の利点をだんだん生かせなくなるのは何とも辛いものである。

翌朝ベルファストの市街に出る。まずは今晩のホテル捜しであるが中心部近くでは聞いてもやはり空いていない（旧社会主義国と違い生活レベルも高く、ビジネス客も多い土地柄だからであろうか）。旅行前ネット上の情報から空室が少ないことは予期しており、結局バスターミナル隣の老舗ホテルに決める。体調が優れないだけに歩き回る距離を極力抑えることに気をつかう。部屋で

雑感　ケルトの心もいじけると（二〇一三年八月）

日本に電話をかけた後、外出する。ホテルの部屋からも見えた古風でカラフルな外観のオペラ・ハウスの東側へ歩いていくと、ドネゴール広場に着く。ここに建つシティホール（市庁舎）は中央部の高いドームが特徴的でベルファストのヘソともいえる位置にある。正面には大英帝国の黄金期に君臨したヴィクトリア女王の銅像が建っている。沢山の観光客が来ているが、とりわけカナダやオーストラリアなど英連邦諸国の人々には親しみやすい存在なのであろうか、写真を撮っている人が多い。建物の四方には他にも著名人の像が見られる。注目すべきは、このなかで女王が何やら苦しむ下方の人々を見やっている。この人々は映画で名を知られるタイタニック号が沈没して悲劇を味わった乗員である（この艦船が誕生したのはベルファストの港である）。シティホールの西にはリネンホール図書館がある。さて産業革命がアイルランド島で興った頃には有名な造船業ではなく紡織業、特にリネン（リンネル。亜麻の繊維で織られた布のこと）工業がベルファストの繁栄を支え続けた。シーツやタオル、テーブルクロスなどに適した布という理念のもとに使用された生地がリネンである。地元で栽培される品種だけに土産品店にも多くの商品が並んでいる。調べるとシティホールが建つ地も元々はリネン工場だったようだ。これからその労働者たちが多く住み着いた地区へと私も地図を片手に進む。

この地区はウェスト・ベルファスト、あるいは別名ザ・トラブルズというのだが、文字通り多くの争乱がおきたことで歴史に名を残す。世に知られたキリスト教徒同士の悲惨な争い、カトリックとプロテスタント（イギリス国教会）住民による北アイルランド紛争の中心舞台がここである。あのエリザベス女王の父が自身の離婚問題からローマ教皇に反目してつくられたのがイギリス国教会である。まずは幹線自動車道路ウェストリンクを越えて西方のフォールズ・ロードを目指す。閑静な郊外の住宅街であり、三階以上の建物はほとんどない。あちこちの家屋に壁画が見られるが、宗派対立を憎み人権を主張するなど世界平和を希求している内容が多いようだ。しばらく進むと観光バスから降りた旅行者が大挙して歩いている。ここは北アイルランドの少数派カトリック教徒が住む地区として知られ、微笑むボビー・サンズ（一九八一年当時、三十代の国会議員でハンガーストライキを行い獄中死した）の似顔絵が描かれた家屋はひときわ目立っている。その後北へ進んでシャンキル・ロードに出る。こちらはプロテスタント住民が圧倒的に多い地区である。フォールズ・ロード同様、いやそれ以上に政治的主張を書き込んだ看板・広告のオンパレードである。年表風に闘争の詳しい事実経過を説明していたり、闘争中に亡くなった人物の石碑もある。当時の様子を伝えるモノクロ写真が店の壁面の隅々にまで貼ってある。数多くの商店が軒を連ねる何とも華やいだ通りだが、道路の上方には多くのユニオン＝ジャック（英国の国旗）が見渡すかぎり掲げてある。プロテスタントが大多数を占めるイギリスとの一体感を強調したいがためであろう。さてフォールズ・ロードとシャンキル・ロードとの間の地域には両住民の境がある。これをピースラインというが、住民同士のトラブルを防ぐために人為的に構築された壁である。この北アイルランド紛争は表面上では治まったとはいえ、カトリックとプロテスタント両住民が完全に共生しているわけではない。このあたりの事情は旧ユーゴスラヴィアでも同じである。なおカトリック住民をナショナリストというのは北部イギリス領土も含めてアイルランドという島全体を国家（ネイション）とみなしての統一を願っているからである。一方でプロテスタント住民をユニオニストともいうが英国（もちろん象徴はユニオン＝ジャック）の元に統合されたままで良いと望んでいるためだ。ユニオニストは別名ロイヤリストともいう。王族の人（ロイヤル）を支持しているからである。この壁は全長にして二キロほど続いていたであろうか。高さも一〇メートル以上もあるのであの往時のベルリンの壁を遥かに凌いでいる。壁の上に柵があったり、所々有刺鉄線までも設置されている。壁には多くの落書きや個性的絵画とともにさまざまな主義・主張などが書き込まれている。なかには芸術的価値があるようなものも見られ、つい長く眺めてしまう。西端の壁には世界諸地域、ベルリン（ドイツ）、サライェヴォ（ボスニア・ヘルツェゴヴィナ）、ニコシア（キプロス）、イェルサレム（イスラエル）など他の分断都市名も記されている。近くには観光バスやタクシーも頻繁に停車し、乗客も注意深く見入っている。ベルファストの中心では職場等で一緒に過ごす両住民も私生活では完全に交流がないという変則状態がここでは起きている。午後には聖アン教会を見学してからラガン・バスターミナルまで歩く。

次の目的地はベルファスト郊外の博物館である。三〇分ほど待ちベルファスト湾に沿って東へ進みカルトゥラで降りる。歩いて一五分、アルスター民俗博物館に着いた。アルスターとはアイルランド島北部の九州の地域名を指す総称であり、そのうちの六州がイギリス領というから何ともややこしい。先程降りたバスもアルスターバスという。この博物館は二十世紀初頭のアルスターの街や田舎の風景を再現している。教会、牧場、役場、居酒屋、農家など実際の建物を移築・修復したものらしい。あえて日本の場所で例えると岐阜県の明治村とでもいえようか。この日は日曜日だったせいか家族連れが多くとてもにぎやかであった。ただ飲食店は意外と少なく、イギリス本土と同様で倹約的な雰囲気が強い。自然に親しむのが最大の目的だから日本のような商業施設らしき建物はさほどない。バス停留所の反対側には交通博物館もあるので寄ってみる。こちらは鉄道車両のみならずバイク、トラックやバスを含む自動車や自転車、客船（タイタニック号の複製もあり）、航空機など数百年の変遷をたどることができる。見学中にふとある中年男性の質問をうけた。彼はヨルダン出身の英国人であり、この博物館の印象を見学者からアンケート調査しているらしい。日本と異なる点について答えるが、私もいい機会なので彼の経歴等を聞き出し母国と比較したイギリスの生活環境を伺ってみる。さらにまだ北部に残るイギリス革命時代の史跡も興味があったのだが、時間の都合で諦める。

翌日は最初に泊まったペンションの近く、伝統あるクィーンズ大学付近へと移動する。大学の校舎は煉瓦造りの渋い格調ありそうな外観を持ち、広い芝生に囲まれている。さすがに大学が早々と創設された、イギリスの大学都市の情緒たっぷりである。続いてはベルファストを代表するアルスター博物館に赴く。一階から三階まで絵画や動植物関係、他にも歴史や文化など多くの展示室が　まだある　が、ここでの見どころはアルマダの財宝だ。アルマダとは全盛期スペインの無敵艦隊のことを指し、一五八八年に女王エリザベス一世時代のイギリスに敗北した故事で知られる。これは近代イギリス国家の基礎ができあがる世界史の大きな節目である。同時に強大化したイギリスが後年アイルランドに災いをもたらすという皮肉も生む。展示室にはスペイン国王フェリペ二世とその妻イギリス女王メアリ（エリザベス一世の異母姉）が並んで描かれた肖像画も掲げられていた。フェリペ二世はイギリスを攻略するため開戦を決断する。当時イギリスがスペインの貿易船を襲ったり、同じくカトリックに敵対するスペイン領ネーデルラント（オランダ）の独立を支援していたからである。ところが無敵艦隊はイギリスのドレークら百戦錬磨の海賊軍団にドーヴァー海峡で火をつけられ敗走する。艦隊は母国方面へ逃げられず、北上してスコットランド沖からアイルランド北西部へと迂回せざるをえない。結局北方海上で嵐に遭遇して座礁してしまう。二十世紀に調査がすすめられ、船に積み込まれた大砲や銃、ナイフなどの武器、銀貨や宝石類などが展示されている。併設する市民憩いのボタニック植物園に寄った後、さほど旨い食事が期待できない国イギリスだけにフィッシュ&チップス専門店に入る。ファストフード店のような手軽な雰囲気だがさほど安いメニューはない。一番手頃なセットメニューを注文するが、白身魚のフライにポテトが大量に付いていていてかなりのボリュームがある。その後時折土産店舗を覗きながら中央駅隣のバスターミナルへと急ぐ。

次の目的地へはバスでおよそ二時間余り、牧歌的な大地を走り到着する。この都市はロンドンデリー（Londonderry）といい、アイルランド島のかなり北部でフォイル川に沿う高台に位置する。やや西に共和国との国境線が迫りベルファストよりも歴史がある。この都市は六世紀に産声をあげるが、十七世紀の革命期にロンドン商人が新教徒の拠点として築いたために命名された。

征服されたカトリック住民の意識を推察し地元では昔からの名であるデリーと言った方が無難である。でも単にデリーというと日本人はインドの都市かと勘違いする人がいるかもしれない。鉄道駅と異なり、バスターミナルは旧市街に着くので都合がいい。街は周囲のフォイル川の清らかな佇いに加え郊外に広く緑の森や草地が見られ、ヨーロッパらしい整然とした集落が見られる。先程の工業都市ベルファストに比べると疲れた体が和むようでたちまち気に入る。ロンドンデリーに限らずヨーロッパ旅行中、もう一日いや半日でもいたいと思った都市は今まで幾つあっただろうか。翌日乗るバスの出発時刻を確認後、城門をくぐり抜け坂道を上っていく。早速ホテルを決め散策に出かける。雨の多い地なので降っていない時間帯は歩き回る覚悟を決めている。ホテルの裏手は城壁に接し、ここから北部に広がる市街の眺望はやや中世風で見ごたえがある。この城壁はプロテスタント住民を守った砦なのである。特に一六八八年には名誉革命によって英国王の座を追われたジェームズ二世（カトリック）が三ヵ月以上も包囲を続けたが、ジェームズの娘婿に当たる新国王のウィリアム三世（プロテスタント）が来援して市の独立を保ったのである。その後城壁内を一周していたら再び雨が降ってきた。今晩はもう歩くのを諦め食料を買い込んでホテルに戻る。

翌日にはザ・ダイヤモンズ（中心広場）から西側に進んでみるが街並はややさびれている。それから前夜目をつけておいたボグサイド地区に向かう。着いたのはフリーデリー博物館といい、ごく普通の民家を改造した程度の建物でさほど大きくもない。一九六九年に起きたカトリック信者の虐殺等を扱った様子を細かく写真で公開している。例の北アイルランド紛争は、まさにここロンドンデリーで始まったと言えるのだ。一九二二年の独立でアルスターがイギリス領として存続して以来、差別を受け続けたカトリック側の不満は鬱積していたのだろう。十三人の市民がイギリス軍に射殺された一九七二年一月三十日は「血の日曜日」として語り継がれ、アイルランド出身のロックバンド・Ｕ２《ユーツー》の曲「ブラディ・サンデー」でも伺い知れる（リーダーのボノはカトリックの父とプロテスタントの母を持つ。二十世紀初頭ロシアにも同名の事件あり）。両者の対立・確執は外国人には到底理解できぬ内容である。博物館の近くにはこの紛争で死を遂げた人々の墓も見られる。この地区は民家の屋根が灰色に統一されており、比較的貧困層の多いカトリック住民が多く居住しているようである。なお城壁の南には「分断を越えた握手」像がある。カトリックとプロテスタントを示す両男性が右手を差し出し触れ合っているもので紛争の終結を意味している。散策の途中城壁の近くでは少年少女による楽団の演奏があり、民衆とともに聴き入る。民族のダンスも交えたパフォーマンスは何とも微笑ましく、旅情をそそられる光景である。そういえばアイルランド人は民謡を愛する国民性でも知られる。世界で最も美しい歌ともいう「ロンドンデリーの歌」は十九世紀にジプシーの奏でるメロディーを聞いたこの都市郊外に住むジェーン・ロス女史が採譜し、何種類もの歌詞がつけられ世界中で愛唱されるようになった（最も有名なのは「ダニーボーイ」で戦場に行く息子へ母親が語りかける内容で、第一次世界大戦当時に流行する）。その後城壁内部に戻り、プロテスタントの聖コロンバ大聖堂や市庁舎をのんびりと見て回る。市庁舎はギルド「商人組合」ハウスと一体になり、デリーの盛時の様子を再現している。隣にゴシック様式の時計台が建ち、多分ドイツや北欧のどこにでも見られるような中世風建造物である。

旅は最終目的地へ近づく。ロンドンデリーを離れたバスは南下を続ける。周囲は小高い丘と広大な牧場、わずかの畑が延々と広がる大自然である。地域の人々には重要な交通手段だけに幹線道路を外れることもあるし、時折バスが通れそうもないような道幅の細い林道なども走る。地図で地名を追っていくとそろそろイギリスとの国境に近づいたらしい。国境の看板がどこに立っているかと目をこらして捜していたが結局見つけることは叶わなかった。アイルランド共和国に入って最初の都市モナハンMonaghanで若干停車時間をとる。ここのバスターミナルでも英語とアイルランドのゲール語が併記されている。バスターミナルには人影もまばらで、ここから海岸沿いの道には入らずなおも島の中央部を下っていく。アイルランドでも史跡の多い地域として知られるが下車する余裕はない。首都に近づくにつれて乗客もしだいに増えてくる。首都のダブリンDublinには夕方過ぎ日の沈む頃に到着する。ダブリンはEU加盟後、経済成長が著しく人口も爆発的に増加したため、欧州でも有数の金融都市として発展した。英語が通用する国柄だけにアジア・アフリカからの移民を安価な労働力として活用できたからである。港のある光景は先のベルファストと同じようだが、大都市ダブリンは貨物船の数も多く工場が多く建ち並んでいる。大型船やイギリスからの客船は南のダン・レアリーに着くので、ここには近隣国の貨物船が多いようだ。バスを降り北へ歩いて、ひとまず宿を見つける。この夜は出費を抑えるため夕食はアジア系の食堂でテイクアウトし、宿の部屋で食べる。

翌朝早速、市を南北に分けるリフィー川の南へ進む。最初に名所トリニティー・カレッジへ行く。有名な文豪を輩出したアイルランド最古の大学で、オールドライブラリーの前にできた長い行列に並ぶ。約一時間あまり待って「ケルズの書」を鑑賞する。これはキリスト教の福音書としては世界一美しく、アイルランドの宝と評されている。九世紀ごろ北方から避難したダブリン近郊ケルズ修道院の僧により制作されたとされ、豪華な装飾が施され美術史上でも特筆される存在である。西洋の観光客が熱心に見入るその雰囲気は東洋人にはやはり理解困難だが、渦巻き模様や奇抜な動物の表情はケルト人の生活を知るには欠かせない資料だろう。キリスト教を信じる西洋人にとり敬虔なカトリック国アイルランドはやはり特別の感慨を与えるのであろう。二階にあるロングルームには約二〇万冊の蔵書が収められており、天井まで含めてその華麗な装飾技術は往年の大英帝国の栄華を彷彿させる。その後ホテルを予約した後にダブリン城へ向かう。あの「マグナ＝カルタ（大憲章）」を出したジョン王が建て、当時の建物としては石造の塔が残るのみである。城があるということは市の中心がここで、ヴァイキングの砦が築かれた場所なのである。午後には聖パトリック大聖堂を見学する。聖人パトリックはアイルランドにキリスト教を伝えた人物であり、トリニティーカレッジの卒業生スウィフト（『ガリバー旅行記』の作者）が十七世紀に大聖堂の首席司祭をつとめた。この国では最大の教会で内部は威厳あふれる雰囲気である。さらに歩いて一五分、ギネス・ストアハウスに出向く。おそらくこの場所を訪れるためだけにダブリンを訪れるビール好きの旅行者も多いはずである。中心部を外れやや閑静な住宅街を抜けしばらくするとヨーロッパ最大規模のセントジェームズゲート醸造所に併設された七階建てのビルに入る。受付を過ぎるとビールの原料の麦、ホップ、水の展示があり、大量の水が流れている。醸造までの過程を解説した文章を読む。ギネスの歴史や広告などの展示を見ながら上の階に昇る。またショップにはGuinnessのロゴが付いた帽子、Tシャツ、マグカップや小物類等のありとあらゆる商品が並び、ダブリンの土産はすべてここで購入してもいい程である。もちろんビールを発送する人々も多い。見学終了後に最上階に昇りチケットに付いた券で黒ビール（スタウト）を試飲する。座席はほとんど埋まっていて立ち飲みだが、総ガラス張りの窓からは三六〇度市街を一望できる。本場のビールを堪能し日本のビヤガーデンよりも長居する客が見られる。ギネスの味に満足し　寝過ぎ　てしまうからであろう。でも真相は飲み　過ぎね。夕方にリフィー川近くで憩う庶民たちを横目に眺めつつ、ホテルへと向かう。

ダブリン最終日は歴史を実感する日となる。ホテルを出て南方面、中央郵便局へと歩く。一九一六年にイギリスへの蜂起が起き、正面階段で「共和国宣言」が発せられた現場である。これは事実上のイギリスからのアイルランド独立宣言ともいえる内容だが、結果的に蜂起は鎮圧されてしまう。郵便局の北には高さ一二〇メートルの「光の尖塔」が立つ。元はイギリス・ネルソン提督（ナポレオンに勝利した英雄）の記念像であり、アイルランド人に嫌われたため撤去された。郵便局前のオコンネル・ストリートを進み、この通りが川に架かるオコンネル橋に近づく。

中央にはダニエル＝オコンネルの像が立つが、十九世紀にイギリス政府に対しカトリック解放運動を展開した国の偉人である。市庁舎の円形の広間でも立像を見ることができる。橋を渡り、右手一帯が「テンプル・バー」という繁華街となる。テンプルは貴族の家系の名前であり、ここには寺ではなく修道院があった。以前には沼沢地であったが、再開発で画商や芸術家が集い、カフェやレストラン・ギャラリー・劇場・CDショップ等文化施設の多い、今やダブリンの誇る大きな観光スポットになった。しばらく進んでクライストチャーチ大聖堂の隣にあるヴァイキング博物館に入る。外観がゴシック様式の教会のようなのは、元は大聖堂の一部であったためである。アイルランドにも北欧から海賊が侵入した時代があったが、イギリスほど内陸部まで侵されていなかった。博物館には中世のダブリンを紹介する展示が多く、なかには北米大陸に侵攻した部族の様子までも再現されており、興味深い。このためコロンブスがアメリカ発見者と言われなくなる。最後にはダブリンの繁華街となるグラフトン通りを歩き、周囲の店をのぞきこむ。なぜかオランダにいるかのようなハンザ風の建築物が多く、都内でいうなら銀座といった感がある。時間が迫り、市街には緑地帯が広く人間の住環境が整っているのをダブリンでも感じながら空港行きのバスに乗り込む。

あとがき

長年ヨーロッパの各地を歩いていると、歴史の跡が街の隅々に残っているのを頻繁に感じることができる。外国人にも一番わかりやすいのは著名人の銅像であろう。日本にもあるがその数はヨーロッパの比ではない。支配者である皇帝や国王、卓越した武将などが広場の中央部や目抜き通りの交差点等に建造されているが、思想家や芸術家などの文化人も多く見られる。なかにはその街の特別な存在として、教科書にはまったく縁のない一般人も混じっている。例えばブリュージュ市（ベルギー）のマルクト広場には肉屋と織布工の二人が並ぶ像が見られる。これは彼らが市民軍の先頭に立ちフランス軍を破り侵略を免れた一四世紀初頭の事実によるものである。過去を偲ぶというよりも、街の誇りとして市民に長らく親しまれてきたことが明白である。銅像には外国人がややもすると見落としがちな出来事など、過去の各時代を通じ強い思いが込められているのを肌で感じる旅行者も多いことだろう。筆者も旅行中に休憩するときなど、銅像などを眺めて物思いにふけることが多々あった。また二度の世界大戦で死傷した人々を哀悼する記念碑の類も予想外に多く、戦勝国、敗戦国の別なく反戦意識はヨーロッパ人に染み付いているようだ。もちろん痛ましい犠牲者として知られるユダヤ人のそれも含まれ、ミュールハウゼン市（ドイツ）の慰霊碑にはアウシュヴィッツ以下多くのドイツ国内外、強制収容所の地名が刻まれていた。考えてみれば二十世紀の両世界大戦とは元々はヨーロッパの国家間で争われた戦争なのであり、それは世界の他国家・地域が関わる人類史上に刻まれた未曾有の汚点であった。

一般的に旅行者は目的地を探す際に地図を眺めるが、主要都市の中心部には王侯貴族や文化人の名前を冠している道がほとんどである。逆にいえば頻繁に出てくる名前を調べればその街の歴史や街の誇りを知ることができるのだ。その名前は人間だけとは限らない。例えば著名な会議が行われた都市アーヘン（ドイツ）やリュブリャーナ（スロヴェニア）などには会議通り・会議広場などもある。ついでに国の名前でもかつて地図上から消えた国、ポーランドを会議王国といったりする。一八一四年からのウィーン会議でロシア保護下で国が復活したからである。またそのウィーンを始めとするオーストリア主要都市にはなぜか「南チロル広場」が多いのが特徴である。豊富な鉱物資源を持つチロル州はオーストリアの重要な土地である。第一次大戦後インスブルックを中心とするチロル州の南部がイタリアに割譲されたのを意味し、そのオーストリア国民の無念の想いを表した名である。このように地名から歴史を知ることによって街の特徴や国民感情をより深く理解できるという例もある。

都市を歩いているだけではヨーロッパ人の人生観・歴史観はわかりにくい。田舎に行くと日常の暮らしぶりが素朴かつ簡素であることに気づく。言葉《ことば》がさほど通じなくても彼らが過去の歴史を受け継いで生きている感覚が痛いほどわかる。いや、わかったような気にさせられる。現代においても家族・隣人をとても大事にする傾向はどこでも強く感じられる。日本人の生活から徐々に失われていく人間同士の絆がはっきりと残っている。彼らは自然のなかで仕事に精を出し食事

あとがき

の準備には家族とともに時間をかけ、食卓を囲み会話を楽しむ生活を営んでいる。ヨーロッパを旅して面白いのは自然の美しさのみならず、都市の景観に特徴がありよく眺めると地方ごとに住民のアイデンティティ（独自性）が強く感じられることである。彼らは外国人旅行者に対しても、物おじすることなく堂々と自分の生活への誇りのような信念を語りかけてくる。外国人とみるやものおじする大半の日本人とは大きく異なる点だ。

ここで取り上げた写真は過去三十年以上の期間にわたって撮ったものなので、古い時代のなかにはその雰囲気が現在では様変わりしている可能性もある。総じて観光立国たるヨーロッパ諸国は文化財の保護につとめているが、もちろん高等学校世界史で習うすべての史跡が整然と残っているわけではない。また教科書は西欧を中心に扱っているため、東欧や旧ソ連邦諸国の写真も多く載せるように配慮した。地元民衆でも知らない場所を訪ね歩くのは苦難の連続であった。ただ意外にも言葉の理解力は予想に反して、さほど致命傷とはならなかった。なにせ街角で聞きこむのは自国の歴史をあまり知らない一般住民、とりわけタクシー運転手が相手だからである。したがって日本から書籍の写真コピーや現地の詳細な地図を抱えていく準備は必須である。

本書ではまずヨーロッパの歴史上の大きな流れをつかみ、旅行者が知っておくと便利だと思うことをわかりやすく説明することにつとめた。そしてこれらの史実がが実際に繰り広げられた現地の様子を解説したつもりである。ただ紙面の都合上、ドイツやフランス以外の国々については十分な説明ができなかったことをお詫びしておきたい。加えて説明文については数多くの文献を参考にしていることも記しておかねばならない。また、編集部からの勧めもいただき二十一世紀の旅行記録から雑感と称してその一部を付け加えた。元は共産圏だった国々の情報もヨーロッパという地域を理解するうえでぜひ参考にしていただければとの思いである。読者には目新しい地域かと思われるが、これらもすべて自分の目に焼きつけたヨーロッパの姿である。生涯を通じ三百ヶ所近くで撮りためた写真は多岐にわたり、限られた紙面のなか、かなり割愛せざるをえなかった。正直、筆者の能力ではまとめきれない膨大な分量に上ってしまった。最後に、今回の出版では鳥影社より文章の校正はもとより、写真や地図のレイアウト等、想定外の手間暇をかけていただいた。ここに改めてその御協力・支援を感謝するしだいである。

なおも興味を持つ方々に対して今後もさまざまな土地を紹介できる機会があることを願いながら、ようやくヨーロッパ歴史探訪の旅を終えて筆をおくことにしたい。

〈著者紹介〉

平塚 宰史（ひらつか ただし）

1955年埼玉県浦和市（現・さいたま市）生れ。
埼玉の県立高校にて社会科教諭を務める。世界史の授業を主に担当する。勤務の傍ら30年以上にわたりヨーロッパの各地を訪問し、中世時と変わらぬ旧市街のたたずまいに刺激を受ける。とりわけ美しい景観や歴史の舞台となった古城や教会、戦場跡などの他、市街の記念碑や銅像を生徒に紹介しながら、世界史や地理、現代社会などへの関心を高めさせようと工夫する。

ヨーロッパ
歴史の跡《あと》を訪ねて

定価（本体1500円+税）

乱丁・落丁はお取り替えします。

2021年2月11日初版第1刷印刷
2021年2月16日初版第1刷発行
著　者　平塚 宰史
発行者　百瀬 精一
発行所　鳥影社 (www.choeisha.com)
〒160-0023 東京都新宿区西新宿3-5-12トーカン新宿7F
電話 03-5948-6470, FAX 03-5948-6471
〒392-0012 長野県諏訪市四賀229-1(本社・編集室)
電話 0266-53-2903, FAX 0266-58-6771
印刷・製本　シナノ印刷

ISBN978-4-86265-865-4 C0022